나를 부르는 바람 속으로

나를 부르는 바람 속으로
제1판 제1쇄 발행일 2024년 1월 1일

곽혜영 글 | 차숙희 그림

펴낸이·곽혜영 | 펴낸곳·도서출판 산하 | 등록번호·제2020-000017호
주소·03385 서울특별시 은평구 연서로26길 27, 대한민국
전화·02-730-2680(대표) | 팩스·02-730-2687
홈페이지·www.sanha.co.kr | 전자우편·sanha0501@naver.com

ⓒ 곽혜영, 차숙희 2024

ISBN 978-89-7650-603-0 03230

나를 부르는 바람 속으로

곽혜영 글 · 차숙희 그림

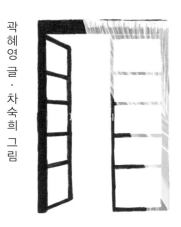

산하

내 몸의 소망을 위해
불처럼 타오르던 나의 어제를
강물에 흘려보낸다.
이제는
내 영혼의 소망을 위해서
불꽃처럼 타오를 것을
하나님께 약속하며
이 책을 펴낸다.

차례

작가의 말

깜깜한 껍질을 깨고 나와 아침 햇살에 날아오르다
눈이 부신 나비처럼 그렇게 서툰 발걸음을 내디뎠지만
저는 이제 그 햇살을 기뻐하며
날개를 바로 세우는 상처받은 치유자가 되겠습니다.

무심한 듯 한없이 너그러운 남편으로
민주의 역사와 사람 사는 세상을 알게 해주고
지금까지 참아준 내 인생 스승 소병훈 의원과
남편을 세워주신 광주 시민들께 깊은 감사를 드립니다.

나쁜 엄마 바쁜 엄마인 저에게서 바르게 자라준
제인 예인 정섭에게 감사하며
며느리 예후 또 하나의 빛나는 세상으로 와준 손녀 소리엘
두 분 어머님과 양가의 16명의 형제자매들
사역의 길을 가게 해준 예지교회와 내 유치부 제자들
하늘에서 기뻐하실 곽우불 목사님, 소명영 아버님께
이 기쁨을 드립니다.

8

나를 보내주시고 만드시고

지금까지 참아주시는

하나님 아버지께 감사와 영광을 올려드립니다.

산하 식구들 감사합니다.

꽃잎처럼 떨어진 어린 생명들.

세월호의 아이들.

이태원의 아이들.

부르기도 아까운 빛나는 이름들.

피 흘려 역사를 밝힌 젊은 목숨들에게

이 책을 바칩니다.

조국의 아들딸들을 응원합니다.

천년의 동네 남한산성 자락

광주성결교회 기도실에서

곽혜영

하나님이 지켜주시는 우리나라를 사랑합니다

오늘은 현충일입니다.

하나님이 허락하시고 지켜주시는

우리나라를 사랑합니다.

순국선열들이 목숨 바쳐 지켜낸

우리나라를 사랑합니다.

우리의 부모님이 왔다 가시고

우리의 자녀들이 이어져 내려올

우리나라를 사랑합니다.

눈물겹게 애타게 가슴 저리게

이 장미를 뜨거운 마음으로

순국선열께 바칩니다. (2015. 6. 6.)

불꽃놀이

춥고 그늘진 모퉁이에서
버림받고 움츠리다
어느 하루 피처럼 토해진
장미 한 송이.

모든 외로움들이여
모든 상처들이여
모든 아픔들이여
그렇게 피어 그날이 오면
참혹한 어둠 터치고 오르라.
천년의 자락을 딛고 오르라.
흰옷 여미고 등불을 들고
땅끝에서 하늘 끝까지 솟아올라
그리하여 주님의 발아래 쏟아지거라.
꽃들의 노래로 쏟아지거라.

별들의 노래로 쏟아지거라.

향유옥합으로 쏟아지거라. (2018. 어느 날)

그날 5.18

꽃잎 지듯 져 버린

그날의 목숨들이 슬픈 것이 아니고

태산이 무너지듯 무너지던 어미의 마음이

슬픈 것이 아니고

피 묻은 꽃잎 더듬는

나의 나태한 손가락이

그 위에 뿌려지는 나의 찌든 숨소리가

그 위를 걸으며 살쪄 가는

나의 둔한 발걸음이

불처럼 타오르다 사라져 간

순결한 목숨 앞에

그 눈동자 앞에

폭로되는 변질된 나의 감정과

때 묻은 웃음이 너무나 슬프다. (2018. 5. 18.)

니느웨의 바다

아버지, 모세미 가고 싶어요.
우리 예술가가 바다가 보고 싶구나.
우리 얼른 송편 만들자.
어머니가 만든 따끈따끈한
송편을 작은 바구니에 담고
아버지 어머니 나 셋이서
모세미 해수욕장에 가요.
아버지 바람이 불어요.
언니 오빠 동생들 놀던 곳에
파도가 밀려와 눈이 부셔요.
바닷속에 있던 나의 모습도 눈이 부셔요.
찔레꽃 향기가 달콤해요.
구름은 하늘에서 포근하고
우리들의 풍경은 영원해요.

송편은 정말 맛이 있었다.

지금도 발아래 따뜻한 모래의 촉감

여전히 반짝이는 파도 여전히 달콤한 찔레꽃

우리들의 풍경은 모두 함께 달콤했다.

그런데 이 모든 풍경은

옆 동네 팽목의 바다에서 실종되었다.

니느웨의 바다에 의의 폭풍이 일면

거대한 고래가 몸부림치리라

그러면 토해내리라

더러운 점액질들 폭로되리라

그러면 그러면 요나의 기도는 눈부시리라

흉악한 결박은 풀어지고 자유는 영원하리라.

어미들의 가슴은 빛이 되고

찔레의 향기는 달콤하리라

우리들의 풍경은 돌아오리라. (2019. 4. 16.)

모래와 인간

나는 그냥 서 있었다.
바다의 소리가 태초의 내력을
품고 밀려올 때도
난 그렇게 두 팔을 들고 서 있었다.
어딘가를 향하다 화석이 된
수많은 얼굴들.
어디서 왔다가 어디로 가는지
나의 길은 이미 그곳에 없었다.
행방을 모른 채 굳어 버린 얼굴들
하나하나 지우며 지나갈 때도
어느 날의 이야기 속에 갇혀 버린 듯
나는 그냥 서 있었다.
기억 속에 가둔 설렘.
만년의 세월 무너져 내린 이름 없는 갈증.
그 위로 몇 걸음 더 서성여도 열리지 않는 그곳.

혹시 나를 스쳐 가는 비워진 날들의
표정 하나가 밖으로 가는 길을 알고 있을까?
문득 뒤돌아보면 나를 떠나보낸
도시 저쪽의 사연들이 먼저 붉어지는
까닭도 알고 있을까?
더 먼 망각만이 사랑이 될 거라고 말하던 그곳,
눈을 감지 않은 깊은 잠이
나를 부르는 그곳에
나는 아직 그냥 서 있다. (2019. 어느 날)

100주년 3.1절의 태극기

붉은 황토

버림받은 돌담

앙상한 어미의 마른 젖까지

다 빼앗기고 찢겨

뒤틀리고 무너진 분노들아

차리리 광야의 소리가 되어 타오르라.

불꽃이 되어 날아오르라.

날아올라 하늘에 이르라.

폭풍 다잡아 만방에 이르라.

우리는 그렇게 100년에 이르렀다.

내가 이른 그 발은 아버지의 낙타 발등

천지에 깃든 아버지의 기도 소리

그 안에서 내 영혼은 깃발을 든다.

아버지의 십자가 있던 곳.

그곳에서 나는 아버지의 십자가를 그린다.

무릎 꿇고 엎드린 수십 년의 간구로

나는 자유를 얻었고

아버지의 발등은 낙타 발등이 되었다.

기도로 굳어진 아버지의 세월.

그 세월의 간극은 풀 수 없지만

기억의 미로 속에서 지워진 한민족의 역사를 묻는다.

사막을 빠져나온 나는

나의 날개를 들고

30년 전의 그곳으로 간다. (2019. 어느 날)

어버이날에

모든 생명은 알을 깨고 나온다.
알 속의 새는 때가 되면 껍질을 깨고
나와야 산다.
여린 발톱으로 질긴 장막을 찢고 나오면
거대한 장벽 앞에 세워진다.
껍질을 찢고, 절망의 벽을 깨는 것
생명의 절대명령이다.
새의 부리는 새순처럼 연약하다.
그럼에도 껍질을 깨고 나와야 산다.
껍질을 깨는 아픔은
껍질이 깨지는 순간
빛을 보는 순간
세상의 어떤 압력에도 이길 수 있는 원소로
생화학적 변화를 이룬다 한다.
자연의 이치는 창조주의 섭리.

이 섭리가 가혹하다.

거역할 수 없는 가혹함.

그 빛은 처연하고, 그 사랑은 찬란하다.

그래서 세상 밖으로 나온 모든 생명은 위대하다.

어미의 죽음을 담보로 하기 때문이다.

어미들은 껍질을 깨는 아픔 뒤에서

장막이 찢어지는 아픔을 겪는다.

그곳은 생명과 죽음의 자리가

동시에 연합하는 교차 선상이다.

그 교차 선상에서 어미는 죽음의 자리로

자식은 생명의 자리로 나아간다.

어미들은 자식이라는 이름 아래 날마다 죽는다.

망설임 없이 선택한 그 길은

섭리 안에서 끝없이 전환한다.

한시적 죽음의 원소에서 영원한 사랑의 원소로 전환된다.

그래서 사랑은 죽음보다 강하다.

그래서 인간은 위대하다. (2020. 5.)

남한산성 하늘의 매

남한산성 소나무는 건강하다.
소나무 위에서는 하늘이 맑다.
소나무와 하늘이 닿아 있는 선이 유난히 아름답다.
그 아름다운 공간에 매가 날고 있다.
거기에 까치 떼가 매를 쫓는 광경이 있다.
남한산성의 상징 같은 매가 있고
매를 쫓아내려는 까치 떼가 있다.
매는 혼자 자유를 누리며
자기만의 공간에서 빙빙 돌며 날고 있다.
까치는 떼를 지어 날아다닌다.
깍, 깍, 깍거리며 매를 쫓아내려 한다.
매는 혼자 위에서 까치 무리를 내려다보며
여유 있게 우아하게 비행을 한다.
소나무와 하늘이 맞닿아 있는
남한산성 하늘에는

까치와 매의 광경이 있다.

까치 떼는 매를 쫓고

매는 도망가지 않고 위에서 아래를 보며

빙빙 자기의 공간을 돈다.

그 위에서 여유와 자유를 누린다.

황숙영이 항암주사를 어깨에 꽂고 걸어서 올라간 남한산성 소나무 숲에 누워 하늘에 있는 매와 까치를 보고 한 말을 그 대로 적다. (2020. 3. 5.)

그날

마음이
비통하고
비통하고
비통하다.
추악한 인간의 모함이
가슴이
미어지고
미어지고
미어진다.
나약한 인간의 몸이. (2020. 7. 10.)

멋쟁이 우리 어머니

한국신학대학 최고참 생존 선배님이신
이영희 전도사님.
90세까지 진도읍에 오일장이 서면
동네 사람들 차에 태우고
손수 운전해서 장을 보게 해주던
이영희 권사님.
96세 추석 명절을 맞은
우리 어머니.
"사람은 나이로 살지 않는다."
"니가 몇 살인데 영어 공부를 그만둔다고 하냐?"
이 두 문장의 응원으로
만학도 목사의 꿈을 이루게 하신
작은 거인 우리 어머니.
결코 의의 길을 포기하지 않으신
개화기의 선구자.

성경과 음악과 일기를 놓지 않는
온화한 얼굴, 추상같은 정신,
작은 키, 높은 하이힐,
진짜 멋쟁이 우리 어머니. (2020. 10.)

그리움

빛나고 싶었던
어제의 하루 이제는
가없는 그리움으로
허공을 맴돈다.

오늘 하루
마음의 무게
내일에는
그리움 꽃 피울까.

날마다 내 안을 지나가던
그 하루 이어지면
사랑하는 마음
허공을 더듬어 오라.

그리움 한 자락 딛고
네 앞에서
만 겹의 옷 억 겹의 세월
벗어 버리리.

다함없는 손으로
허공문 열고
그리움 오라.
빛의 그곳에. (2020. 어느 날)

우리들의 민들레

우리들의 민들레.

어제도 피었고

오늘도 피었고

내일도 필

우리들의 민들레.

산이 무너지면

하늘에서도 피어날

우리들의 민들레. (2020. 어느 날)

민들레 상회

이석증이 남긴 평화

내 영혼의 소망이 하늘을 날 때라도
내 몸의 욕망은 흑암을 더듬었다.
내일에 대한 두려움과
잃어버린 것에 대한 상실감과
반격하지 못한 분노와
고지 꼭대기를 향한
욕망의 소용돌이가
절정을 이룬 어느 날
그날 이석이 달팽이관에서 튀어나왔다.
내 몸은 방향을 잃었다.
나는 쓰러졌다.
원심분리기가 물질의 핵을 분리하듯
튀어나온 이석이 우주를 분리기 삼아
나를 그 속에 던졌다.
침대에 있을 때는 침대에 매달려

우주를 돌았다.

검푸른 허공 우주,

땅에 쓰러져 나는 지구와

허공을 돌았다.

황톳빛 허공 지구.

온통 허공이라니.

횡횡, 웡웡, 빙빙, 스윽 스윽

거대한 이 고독 속에서

나를 조정하던 육체의 소욕,

거짓 신념, 거짓 맹세, 고정관념이

토사물과 함께 분리되었다.

숨 쉬기도 힘든 어지럼의 절정에서

내 의지력은 속절없고

오로지 평화롭고 싶다는 소망이 욕망을 뛰어넘었다.

생명에 대한 애착이 근거 없는 소망을 뛰어넘었다.

거꾸로 서서 도는 세상에서
오직 평화와 생명만을 원하다니?
그 죽음의 회로에서 이전의
심상은 모두 나와 분리되어
흑암 속으로 날아가고
이석은 달팽이관 안으로
다시 들어갔다.
가속으로 돌아가던 회전판이
멈춘 자리에 평화라고 하는
핵이 추출되어 빛나고 있었다.
불가항력으로 오롯이 드러난 빛.
나는 떨리는 손으로 그 빛을 집었다.

평화라니? 생명이라니?
정처 없이 흐르며 내 안에서 무도해진 단어들

나를 조정하던 내 안의 가면들

속절없는 불안

이유 없는 잔인

까닭 없는 비겁

신속한 아첨

독사의 혀

그 빛 앞에서 온통 무력했다.

이제 나의 하늘은 내 안에 거하고

나의 세상은 자유로울 것이다.

이제 내 노래는 영원하고

내 몸은 가벼울 것이다.

오늘도 전쟁의 소식 들려온다.

인간의 욕망 그 끝은 어디일까?

지구의 이석은 어디쯤에 있을까? (2020. 어느 날)

다시 예지로 돌아가라

나의 아둘람 아름다운 예지.

작지만 그 빛 영원할 예지.

임선미, 성명옥

하늘에서 빛날 이름.

예지의 그 이름 모두

아이들의 겨울을 녹여내는 곳.

내 목회의 모든 날들의 부끄러움을

그대로 기억하고 있는 예지.

내 인생의 겨울을 녹이고 봄이 되어준 예지는

겨울이 극심한 이들에게

끝나지 않는 봄의 노래다.

나에게도 예지는 봄의 노래다.

슬픈 만큼 찬란하고

아픔 만큼 위대한

봄의 노래, 나의 아둘람 예지. (2023. 어느 날)

"너네 예수님이 오면 제일 먼저 거기를 갈 거야.

다시 예지로 돌아가라."

수년 전에 남편이 잠시 예지를 나와 방황하는 나에게 한 말이

다.

산문

폭풍 3_8.15 광복절, 대의에 죽는 것

"일본법에 사형 위의 법은 없는가?
내가 죽은 뒤에 나의 뼈를
하얼빈 공원 곁에 묻어 두었다가
국권이 회복되면 고국으로 반장해다오." (안중근)

국권에 대한 꺾이지 않는 꿈으로 대한민국의 뜨거운 열망
이 백 년의 침묵으로 갇혀 있습니다. 군국주의의 망령들에게
잡혀 돌아오지 못하는 의인의 유해처럼 위안부 문제도 어둠
에 잡혀 있습니다.

어디 그뿐이랴. 아직도 추근대는 일제의 뿌리들이 검은 장
막 뒤에 숨어 있습니다. 우리들의 온전한 국권은 어디만큼
오고 있을까요? 천지를 돌아 어머니의 마음을 돌아 눈물겨
운 이 땅으로 독립투사들의 유해와 함께 어서 오면 좋겠습니
다. 나라의 모든 것이 바르고 따뜻하게 회복되면 좋겠습니다.

(2011. 어느 날)

어머니의 화선지

사라지는 모든 것들이 나를 슬프게 했다.
스쳐 가는 바람 소리
무심히 지나가는 시간들
쉼 없이 변하는 바다의 푸른 반짝임도
내 마음을 슬프게 했다.
가고 안 오는 모든 모습들이
어디선가 별빛에 쫓겨 온 듯
불면의 밤을 수소문하는 동안에도
나는 슬펐다.
아무런 말도 없이 어느 날 햇살 아래에서
번뜩이는 톱날의 세상을 만날 때까지는
줄곧 서슬 퍼런 문장들이 몰려오기 시작했다.
며칠이고 누군가의 가슴에 차곡차곡 접힌 채
잠행의 날들을 보내야 했다.
죽음을 그려야 하는 활자들의 눅눅한 밤을

뜬눈으로 받아냈다.

아무리 부인해도 끊임없이 밀려오는 활자들

떨리는 심장으로 받아냈다.

문장들 점점 깊어져 짐작할 수 없었고

내 마음도 짐작할 수 없었다.

하늘을 보았다.

그때 바람처럼 내려오는 하늘의 소리를 들었다.

그 소리에 실린 내 안의 문장들 어머니의 화선지에

오천 년의 세월을 받아 새긴다.

어머니의 화선지. (2011. 어느 날)

우주의 소리 들리지 않아도

우주의 소리를 촬영한 동영상을 봤습니다.

빠른 속도에 뭐라고 표현이 안 되는 오리무중의 급한 소리를 내는 이 소리는 실제로는 거대한 굉음이랍니다. 굳이 이름을 붙인다면 바퀴 구르는 소리 같습니다.

이 우주의 소리는 우주가 운행하면서 내는 순간의 소리들의 집합체랍니다.

우리는 일 초도 쉬지 않고 내는 이 소리를 듣지 못합니다.

인간의 오감은 알아차릴 수 있는 범위가 있답니다. 그 범위를 벗어나면 전혀 느낄 수가 없답니다. 이 소리를 듣고 살아야 한다면 아마도 이 지구별에서 견딜 수 있는 생명체는 없을 거예요. 그렇습니다. 하루하루 살아가는 일이 쉽지 않지요.

눈을 뜨면 기쁨보다 수면 중의 에너지로도 미처 처리 못 한 쓰라린 마음들이 먼저 눈을 뜨지요. 그럼에도 우리에게 이기지 못할 시험은 안 주신다고 성경은 말씀하고 계십니다.

이기지 못할 아픔들은 이미 우리의 것이 아니라는 말씀입니다.

느낌이 온다면 감당할 수 있다는 말이지요.

그 언제든지 아픈 줄 모르는 신경이라면 그것은 이미 신경 체계에 큰 문제가 생긴 거지요. 신경이 죽어 버렸다는 말입니다.

오늘도 크고 작은 일들 중에서 아픔을 느낀다면 '나는 살아 있구나. 살아 있어서 아프구나.'라고 생각하는 오늘이 되었으면 좋겠습니다.

산다는 것은 어찌 되었든 아름다운 것이라 생각합니다.

큰 기쁨 가운데 그 아픔까지도 감사하는 복된 날을 축복합니다. 신경이 죽으면 근육들이 움직이지 않습니다. 근육이 움직이지 못하면 근육이 소실됩니다. 근육이 소실된다면 우리 몸은 온전한 형체를 잃어버리겠지요. 내 몸의 형체가 그대로 보존되어 있으면 '아, 나는 살아 있구나. 이 아픔을 견딜 수 있구나, 감사하다.' 하는 오늘 되었으면 좋겠습니다. 아픔으로 인해 나를 돌아보고 그로 인해 감사의 시간으로 전환되는 것이 원리가 고난은 축복의 통로라는 말과 같은 원리입니다.

그래서 산다는 것은 어떠한 순간에 이를지라도 아름답습니다.

'인생은 아름답고 역사는 발전한다.'

독재의 세력 앞에서 죽을 고비를 수없이 넘긴 김대중 대통령님의 어록입니다. 살아내는 일이 힘이 들 때, 되어 가는 상황들이 절망적일 때 어느새 마음 깊은 곳에서 들려오는 위로의 소리입니다. 우주의 소리가 들리지 않아도 거대한 소리로 존재하듯이 못 박힌 주님의 고통 소리와 죽음을 이기신 환희의 소리는 들리지 않아도 분명 만물 가운데 거대한 소리로 존재하다가 절망에서 나를 이끌고 이 흑암의 역사를 빛으로 이끌어낼 것입니다. (2011. 어느 날)

취소버튼

필요할 땐 언제든지 밥을 만들어

따뜻하게 품고 있는 전기밥솥.

하얀 전기밥솥에 새겨진 안내 문자들

급한 김에 확인하지 않고

작동 누르면

전기회로가 움직이지 않는다.

온 얼굴을 더듬어 모두 눌러 대도 꼼짝도 안 한다.

답은 취소버튼이다.

취소버튼 누르고 작동 누르면

즉시 까만 장방형 점선이 씽씽 돈다.

밥이 되고 있다는 증거다.

고집부리던 문자들 한발 물러선다.

나도 내 안의 취소버튼을 눌러

생각 속에 굳어진 형상들을 지우고 싶다.

온갖 풍상에 스스로 쌓아 온
나의 일그러진 신념들 모두 다 취소하고 싶다.

다 익지도 않은 식어 버린 밥을 아이들에게 주면서
빨리 먹고 빨리 자라 큰사람 되라고
부추기던 험하고 거친 내 손짓들 날려 보내고 싶다.
이제라도 잘 익은 밥이 되어
내 아이들의 밥상을 따뜻하게 하고
어둠에 가려진 작은 이들에게도 희망의 밥이 되어야 하는데
내 취소버튼은 어디에 숨어 있을까? (2011. 4.)

내 보물 1호

여주시 가남면 고운마을 사랑교회로

미술치료 여행하는 내 미술 도구 가방과

세 아이들이 환갑 선물로 사준 내 보물 1호 노트북

어린 세 아이들 손잡듯 손으로 꽉 잡고

인적 없는 정류소에서

버스를 기다리며

깊어 가는 가을을 품어 봅니다. (2014. 10.)

내 인생 짝꿍 강순애

예쁘지요? 강순애 권사입니다.

가까이 보아도 예쁘고 멀리 보아도 예쁩니다.

내 인생 짝꿍 강순애 권사님은 이제는 목욕 봉사 짝꿍은 아닙니다. 내가 사역의 길로 나서면서 그 일을 함께하지 못했기 때문입니다.

목욕 봉사 대선배인 권사님을 따라 광주 땅 후미진 곳까지 안 가 본 데 없이 다 가 봤습니다. 초월, 곤지암, 만선리, 도척, 건업리, 수양리 등등 광주의 끝자락을 그 큰 목욕차를 타고 순회를 했습니다.

거동을 잘 못하시는 어르신을 양쪽에서 부축하기도 하고 그것도 어려우신 분은 권사님이 업고 나는 양손에 신발을 들고, 그렇게 우리는 후미진 골목길을 함께 걸었습니다.

맨 처음 목욕차를 탔을 때 삭정이같이 마르고 쪼그라든 작은 몸에 물을 끼얹으며 목에서 튀어나오려는 '아이고' 소리를 참았습니다.

이것이 어미들의 끝자락이란 말인가?

가슴이 미어지고 있는 내 앞에서 권사님은 마치 서러움을 벗겨내듯 석석 마른 때를 벗겨냈습니다. 깨끗하게 씻기고 나서 새색시처럼 예쁘시다고 칭찬하며 쓰다듬듯 곱게 머리를 빗기던 그 손은 우아한 얼굴하고는 어울리지 않게 참 거칠게 생겼습니다.

거친 그 손 아래서 80살의 어머니도 90살의 어머니도 혼자 버려지지 않았다는 깊은 안도의 숨을 쉬는 것을 보았습니다. 이 손길 머무는 곳이 메마른 땅에 샘물 나듯 기쁨이 샘솟기를 축복합니다. (2014. 11.)

다윗의 별, 우리 큰딸

오늘 밤 7시 서울장신대 대강당에서 졸업식이 있었습니다.

미술치료 평생 교육반 졸업식입니다. 마지막 수업을 하기 위해서 재료를 준비해 갔는데 김시욱 교수님께서 말씀하셨습니다.

"자, 강당으로 빨리빨리 올라갑시다. 오늘 졸업식 있습니다. 끝나고 내려와서 수업합시다."

그래서 아닌 밤중에 홍두깨처럼 느닷없이 졸업식을 했답니다.

학생은 7명. 교수님은 한 분.

꽃다발도 없었습니다.

졸업장 받고 소감을 한 마디씩 하고 내려오랍니다. 얼떨결에 빨리빨리 졸업장 받고 소감을 말하는데 춥고 큰 강당 앞줄에 조르륵 앉아 있는 어린 동기생들이 하늘의 별처럼 들의 꽃처럼 아름다웠습니다. 밤하늘에 은하수 흘러가듯 들에 들꽃 향기 날리듯 소박한 졸업생들의 예쁨이 강당을 가득 채웠습니다.

"평생 여기저기서 졸업식을 많이 해 봤지만 이렇게 소박하고 따뜻하고 아름다운 졸업식은 처음입니다."

소감을 말하고 내려왔습니다.

게 눈 감추듯 뚝딱 졸업식 해치우고 지점토 작업을 했습니다. 나에게 소중한 이름으로 엄마의 자궁을 터트리고 나오는 작업입니다. 내가 원하는 것을 은유해서 만들어 놓고 그 존재에게 편지를 쓰고 소리 내어 읽는 작업입니다. 그 편지를 읽으며 눈시울이 뜨거워지는 친구들도 있었습니다. 물론 나는 단골 울보입니다. 나는 다윗의 별을 만들었습니다. 오늘이 생일인 우리 큰딸에게 편지를 쓰고 읽었습니다.

"나의 별이었고 희망이었고 앞으로도 영원한 영광의 다윗별 우리 큰딸 제인."

이렇게 마음을 전했습니다.

이 의식을 치른 후에 우리 둘째 딸과 우리 아들과 이 나라 이 땅에서 자라나고 있는 우리 모두의 자녀들이 그렇게 빛나는 삶을 살아가기를 가만가만 기도했습니다. (2014. 12. 29.)

내일은 없다
(어린 마음의 물은-)

내일내일 하기에
물었더니,
밤을 자고 동틀 때
내일이라고.

새날을 찾은 나는
잠을 자고 돌보니,
그때는 내일이 아니라
오늘이더라.

무리여!(동무여!)
내일은 없나니.

(윤동주)

조국과 역사와 진리 앞에서 한 점 부끄러움 없는 삶을 살고자 죽을 때까지 고뇌했던 시인 윤동주. 극악 무도한 일본의 폭력 아래서 그의 몸은 죽임을 당했지만 그의 마음은 우리 민족 위에 영원히 빛나는 별이 되었다.

150여 편의 시를 남기고 별이 된 스물아홉살짜리 청년 윤동주.

서하리 스승님이 서가에서 윤동주 시집을 꺼내 오셨다. 시집은 오랜 세월에 누렇게 바래 있었다. 나는 그 책에서 이 시를 발견하고 탄성을 질렀다. 어떻게 어린 시인이 이 진리를 알았을까?

불안하고 우울한 사람들에게 또한 나에게 누구에게나 항상 당부하는 내 말이기 때문이다.

"여러분 내일은 없어요. 내일 때문에 불안하고 두렵지요. 그런데 내일은 없어요. 우리들이 짧은 경험으로 짐작하는 그런 내일은 없어요. 내일 때문에 불안해하지 마세요.

우리에게 내일이 있다면 주무시지도 않고 졸지도 않으시고 낮의 해와 밤의 달도 우리를 해치지 못하게 지키시는 하나님의 섭리가 있을 뿐이에요. 우리를 위해 1초도 어김없이 대자

연을 움직이시는 아버지의 마음이 있을 뿐이에요. 열면 닫을
자가 없고 닫으면 열 자가 없는 우리를 지키기 원하시는 그 사
랑이 있을 뿐이에요."

사실 생각으로만 있던 이 말이 가슴으로 내려와 나를 설득
한 것은 얼마 안 된다. 그럼에도 문득 습관처럼 어떡하지 하
면서 내일이 얼굴을 들고 일어난다. 순간 불안이 몰려온다. 그
러면 잠시 눈을 감고 이 말을 가슴에 내려보낸다.

'그래 오늘 하루만 가득 살아내자.'

'하루를 잔뜩 산다.'

천재 시인 이상이 한 말이랍니다.

서하리 정현기 교수님이 즐겨 쓰시는 말입니다.

'오늘은 불멸하는 선물이다.'

우리 언니가 즐겨 쓰는 말입니다. (2015. 2.)

남편과 행복한 이야기

오늘 드디어 열린 상담소 문해교실 미술치료 수업을 종강했습니다. 종강 파티를 상담소 건물 지하실에 있는 축축한 문해교실에서 케이크 하나 양초 네 개로 조촐하게 열었습니다.

핸드폰을 열어 저의 18번, 메기의 추억을 배경음악으로 깔았습니다. 일 분쯤 늦게 초를 구해 가지고 문을 열고 들어서는데, 천진한 어른 학생들이 어린아이들처럼 탄성을 지르며 뛰어와 안겼습니다.

"선생님이 안 오시는 줄 알았어요."

종강 기념으로 가장 사랑하는 사람에게 편지를 썼습니다.

한 분 한 분 앞에 나와 편지를 발표하고 나서 그 사람과 함께했던 가장 슬펐던 일, 가장 기뻤던 일을 발표하는 시간을 가졌습니다.

천장의 전등은 끄고 촛불을 켰습니다. 촛불 앞에서 편지를 읽는 얼굴들이 상기되고 눈시울이 뜨거워졌습니다. 울먹이며 갈라지는 목소리에 눈물이 고였습니다. 한 분이 편지는 선생님께 쓰고, 발표는 남편과 행복했던 일에 대해 썼습니다.

그분이 남편과 둘이서 오토바이를 타고 가다가 안골 입구에서 교통사고가 나서 오징어처럼 납작해졌답니다. 그때 갈비뼈가 다섯 개 나가고 가슴도 다치고 다리도 다쳤는데, 그 몸으로 머리를 다친 남편을 돌본 지가 2년이 지났답니다. 그런데 놀랍게도 지금이 가장 행복하답니다.

"그러면 사이가 좋아졌나요?"

"아니에요. 사이는 하나도 안 좋아요."

"그러면요?"

"죽을 것들이 둘 다 살아 있다는 것이 감사하고 행복해요."

이 학생들이 작은 촛불 아래서 잔뜩 감동하다가 현실로 돌아와 내게 갑자기 항의를 했습니다.

"미술 공부 계속할 줄 알았는데 왜 벌써 끝나요?"

소장님께 투정을 부려서라도 아무리 바빠도 다시 돌아오겠다고 약속을 했습니다. 그런데 언제까지 오겠다는 말은 할 수가 없었습니다. 그것은 소장님 소관이기 때문입니다.

평생을 글을 모르면서 아는 척하고 살아온 그분들의 이해력과 순발력과 표현력은 뛰어났습니다. 일당백입니다. 그런데

도 글씨를 아는 척 거짓말을 해야 했던 괴로움 때문에 자신도 의식하지 못한 체 음지의 삶을 살아야 했습니다. 그 기막힌 자책감을 벗어 버린 자유로움에 처음 만난 순간부터 불꽃이 튀었습니다. 한마디를 하면 백마디를 알아차렸습니다. 자신의 마음을 표현하는 작품을 하는 순간에는 현자처럼 웃었습니다. 나도 나중에 여러분과 한 반에서 같이 공부하고 싶다고 하니 한창때의 소녀들처럼 웃음보가 터져 깔깔깔 웃어 댑니다. 일류 파티 공간이 된 이 황홀한 공간에서 울다가 웃다가 전화번호와 이름을 칠판에 써달라고 하여 급하게 썼습니다. 그러다 뒷번호 숫자 하나를 빠트렸습니다.

"뒷번호가 세 개짜리도 있나요?"

깔깔깔깔 하하하하

오늘은 내 이름과 전화번호가 일당백의 지혜로운 청중들 앞에서 훌륭하게 빛났습니다. 최고로 행복한 마무리였습니다. 흔해서 마음에 들지 않던 내 이름이 오늘은 참으로 마음에 듭니다. (2015. 3. 17.)

누구나 주인

나의 안식처 서하리.

그곳에 있는 공간은 모두 작은 공간들이다.

그런데 아무도 작다고 생각 안 한다. 그 공간들은 누구에
게나 열려 있어 모든 공간 곱하기 무한대의 함수를 품고 있기
때문이다.

그곳에는 먼지와 막스라는 고양이가 있다.

그들은 자기들이 고양이라고 생각 안 한다.

그들이 마음 내키는 곳에 한데 어우러져 자리 잡는 곳은
곧 근접할 수 없는 기운이 서린다.

그곳에는 깨진 토기들도 제 노릇을 다 한다.

그곳은 아무나 들어간다.

그곳에 들어간 사람들은

자기가 손님이라고 생각 안 한다.

그곳에서는 과거도 현재가 되어 주인 노릇을 한다.

지난주에는 안견의 무릉도원도 복사본이 진품인 양 격조를

갖추고 안평대군과 신숙주와 정인보 등의 글씨를 달고 등장해 주인 노릇을 했고 이번 주는 '문명의 흐름과 패러다임'이라는 특강이 주인 노릇을 했다.

오늘은 서하리의 진짜 주인 정현기 교수님 옆에 교수님이 땀을 쏟아 완성한 안중근 의사의 행적이 주인 노릇을 했다.

아! 안중근 그 의로운 의사들의 기록이 영원히 살아 이 나라 이 강산의 역사 속에 주인이 되기를 원하는 서하리의 나그네들.

아이들도 한 사람분의 지성으로 자리 잡는 서하리.

먼지와 막스와 이름 없는 꽃들의 왕궁이며 그곳은 그대로 평화다. 이 평화는 사육신과 생육신이 한 통으로 버무려진 그런 평화가 아니다. 무엇이 산 것이고 무엇이 죽은 것인가? 치열한 분별이 이루어진 다음에 피어나는 산고 후의 평화이다.

예수님이 말씀하셨다.

'진리가 너희를 자유케 하리라.'

이 말씀은 불의한 것들에게 묶여 있지 말라는 말씀이다.

온 우주의 주인으로서 만물보다 귀하고 지혜로운 것이 사람이라는 말씀이다.

왕 같은 제사장이요, 거룩한 백성의 신분으로서, 이 시대를 통찰하며 분별하며 진정한 평화를 이루어 가는 우리들 되기를 축복하며 이 평화가 이 나라 이 강산에 영원히 주인 노릇하기를 축복합니다. (2015. 어느 날)

서하리의 봄 2_신익희 선생님의 생가에서

또다시 서하리에 봄이 오고 있다.

천년을 불어 봄에 이르는 서하리의 길.

누군가 돌보는 이 없어도 담담히 봄을 길어 올려 어긋난 세월 추스르는 민주의 고향, 민주의 보금자리, 민주의 역사. 깨어지고 밟히고 더럽혀진 이 나라, 이 강산 천지의 어느 모퉁이에서 흐트러지지 않고 포기하지 않고 만개한 봄을 준비하는 서하리.

하늘 아래 격조 높은 우리들의 깊은 뿌리.

작은 손, 거친 손, 볼품없는 손, 상처 난 손길들에 건네줄 봄을 조용히 길어 올리고 있다.

주저함 없이 조용히 만개할 봄을 길어 올린다. (2015. 어느 날)

서하리의 봄 3_민주의 생가 서하리

　민주당의 생가 서하리에 봄이 왔습니다.

　춥고 먼지 낀 벽을 밀고 새봄이 왔습니다.

　어둠을 견디고 나온 어린싹들이 싱그럽고 대견합니다.

　인류의 죄가 깊어 하나님도 침묵하신 죄의 암흑기 400년의 공백이 신구약 사이에 있습니다. 극한의 절망과 어둠을 뚫고 내려오신 예수님의 마지막 수난일이 내일입니다. 죽기 전의 고통이 극에 달하고 있는 오늘 우리들은 이 수난의 주일에 서하리에서 새봄을 만났습니다.

　우리들은 늦겨울부터 신익희 선생님의 생가 옆에서 백범일지를 읽다가 봄을 맞았습니다. 시대의 어둠을 뚫고 그 어둠과 맞짱 뜬 걸출한 인물들의 바르고 따뜻한 그리고 험난한 이야기를 감탄과 탄성과 한숨으로 읽어 가다가 봄을 만났습니다.

(2015. 4. 1.)

딸바보 아빠와 아빠바보 딸들

아빠보다 더 바쁜 아빠 바보 딸들
오랜만에 집에 왔다.
그 조합의 표현대로 매사에 단순한
엄마는 여전히 뒷전으로 밀린다.
아무리 밀려도 아무 상관없는 나는 아들바보.
아빠바보 딸들과 딸바보 아빠는
밤 깊은 줄 모르고 시국 토론 중.
현 시국을 역사 문학 철학 예술에 빗대어 풀어주는
아빠의 명쾌한 명강의를 실컷 경청한 딸들은
아쉬워 또 영상 토론을 하기로 하고
각자 생활의 자리로 돌아가면서
"아빠, 방송은 어디까지 믿어야 되는 거예요?"
"아빠, 그런데 세월호는 왜 안 건지는 거예요?"
고단수가 아닌 저단수의 아들바보인 나도 딸들의 말을 알
아들었다.

아들도 대놓고 말은 안 해도 그렇게 생각하고 있을 수 있다. 하지만 단순한 엄마인 나는 단순해서 무엇이 옳고 그른지 단순하게 단번에 알아차리는 초감각이 있다. 이 감각으로 단순 명료하게 딸들의 말뜻을 알아차렸다. 세월호 아이들과 부모들의 눈물을 닦아줘야 한다는 것, 국민들이 세월호 사고에 의문을 가지고 있으니 국민들의 의문을 풀어줘야 한다는 것. 이것이 민주당의 의석수를 만들어준 국민들의 서슬 퍼런 명령이라는 말을 아빠에게 전달하고 있다는 것을. (2015. 4.)

당신이라면 천년도 아깝지 않아

5월 2일.

오늘은 34회 결혼기념일입니다.

5월의 신부가 되고 싶어 5월에 결혼식을 했습니다.

"우리가 34년을 함께 살았구나. 수고가 많았네."

아침에 남편이 제게 해준 축하의 말입니다. 해석하면 최고로 고맙다는 말입니다.

"당신이라면 백년도 아깝지 않아."

말해 놓고 속으로 '천년이라고 아깝겠는가?'라는 말이 저절로 나왔습니다.

우리가 행복할 때 '내가 이렇게 행복해도 되는가?' 스스로 미안해하며, 기어코 그 반대급부를 행하는 삶을 살아내는 그의 곁에서 34년을 살아내며, '소병훈이라는 이름이 정말 아름답다.' 생각하게 되었습니다.

지난 선거 운동 기간 중에 택시를 탔습니다.

"기사님 우리 남편이 2번 소병훈이에요. 꼭 찍어주세요. 바르고 따뜻한 사람입니다."

"소병훈 그 이름이 참 아름답네요."

처음 보는 기사님의 감탄 섞인 말이 지금도 귀에 쟁쟁합니다.

소병훈 그 이름에 기대어 지낸 세월에 한점 여한이 없는 저는 옆에 있는 사람들이 다 아는 남편 바보입니다. 남편에게 소소한 행복을 누려도 된다고 이제 충분하다고 말하고 싶습니다. 그러나 아직 아니라고 한다면 그 마음 따라 천 리를 갈 거예요.

나는 이 말을 남편에게 선물로 주고 남편은 유럽의 어느 시골 부엌에 있었을 예쁜 도자를 사줬습니다. 퇴촌 도수 사거리 하루라는 카페에서 내가 미리 봐 뒀던 거지요.

"누나, 병훈이 형은 이 나라에서 산하 출판사 사장인 것만으로도 역사 속에서 할 일은 다 한 거야."

우리들의 중매쟁이 이은홍의 말입니다.

동화책이라는 말 대신 어린이책이라는 말을 이 땅에 새롭게 심은 소병훈 산하 출판사 아저씨.

외국의 전집류들이 비싼 값으로 시장을 독점하고 있을 때,

몇 권 안 되는 국내 작가의 동화들이 그늘에서 초라할 때, 이 나라 이 땅이라는 뜻의 산하 출판사를 다시 세우고 우리 작가와 화가들을 발굴하여 한 권 한 권 빚어낸 '산하어린이'는 우리 동화의 역사이자 보금자리입니다. 어린이들이 알아야 할 지식과 지혜의 갈래들은 실리를 따지지 않고 무조건 출판한 소병훈 아저씨의 마음에서 탄생한 책입니다.

권정생, 이현주, 이오덕, 윤기현. 이름만으로도 감동을 주는 선생님들이 '산하어린이'의 편집위원이었습니다. 산하의 전무로 선생님들을 뵌 기억이 지금껏 마음의 자산으로 남아 있습니다.

이분들의 손길로 한 권 한 권 태어난 '산하어린이'는 많은 어린이들에게 마음의 양식이 되었습니다. 특히 권정생 선생님은 산하를 아끼는 마음이 컸습니다. 국내동화와 외국동화를 함께 출간하는 것이 여러모로 좋겠다는 말씀을 하셨습니다.

90년대에 많은 출판사들이 권 선생님을 모시려고 분주할 때였습니다. 권정생 선생님이 검정 고무신을 신고 서울 나들이를 오셨답니다. 그때 "나는 산하 출판사에서 밥을 먹겠다." 하시고 소병훈 사장과 광화문에서 자장면을 드시고 내려가셨는데, 그것이 선생님의 마지막 서울 나들이였답니다.

역사를 두려워할 줄 아는 말 없는 아저씨는 명분을 위해서라면 우직하고 맹렬하게 뛰었습니다. 그림만 그리면 최고인 줄 알고 세상모르고 살던 내게 그는 철통같은 보호자였고 무서운 스승이었습니다. 어떤 역경에서도 가던 길 멈추지 않는, 거칠 것 없는 의지. 정의를 위해서는 불꽃처럼 타오르는 영원히 젊은 야생마. 이것이 제 가슴에 새겨진 소병훈의 초상입니다.

며칠 전 도평리 어린이 제1회 마라톤 대회에 갔습니다. 아이들 속에 묻혀 환한 미소를 띠고 있는 소병훈의 모습은 옛날이나 지금이나 변함이 없었습니다. 이제 머리는 백발이 되었지만, 그래도 아름답습니다.

산하 출판사 첫 사무실 문을 내 손으로 페인트칠했습니다. 무에서 유를 창조하듯 많은 것을 이루어 가는 남편을 34년 동안 곁에서 지켜본 저는 행복한 사람입니다. 사람다운 사람이 어떻게 삶을 살아내는지를 가장 가까이서 지켜보았고 앞으로도 지켜볼 수 있는 저는 일생 여한이 없었고, 여한이 없을 것입니다.

남한산성을 품고 있는 천년 도시 광주도 소병훈 의원으로 인해 여한이 없었으면 좋겠습니다. (2015. 5. 2.)

밥은 밥이고 국은 국이다

오늘은 국의 생일입니다.

국이 누구냐 하면 우리 남편입니다.

다른 특별한 뜻이 있는 것이 아니고

그냥 먹는 국입니다.

남편이 국이면 너는 뭐냐? 저는 밥입니다.

어느 날 남편의 핸드폰에서 밥이라는 이름을 봤습니다.

"밥이 누구야?"

"밥이 밥이지."

눈치챘습니다. 내가 밥이면 너는 국이다.

서로의 국과 밥인 줄 알고 살았습니다.

그런데 이제 와서 생각해 보니

결국은 아이들의 국과 밥이었습니다.

물방개나 물장군이라는 곤충을 위시해서

다수의 곤충들은 암컷이 까놓은 알을 등에 지고

보잘것없는 그 조그만 몸으로 한 치 앞을 예감할 수 없는 험난하고 광활한 생태계를 뚫고 간답니다.

갈 바를 모르고 헤엄치며 살아내다가

그 새끼들이 등에서 부화를 하면 즉시 죽는답니다.

부화된 새끼들은 아빠의 몸을 파먹고 성충이 된답니다.

여한 없이 새끼들에게 제 몸을 다 내준 아빠, 소병훈 아빠.

국의 예순두 번째 생일을 맞아 감회가 새롭습니다.

국의 생일을 축하합니다. 국의 내일을 축복합니다.

강한 자 앞에서는 한없이 강하고

약한 자 앞에서는 한없이 약한

그렇게 살아 아이들에게 최상의 먹이가 되어준 아빠.

거칠고 험한 풍파 속에서도 굽히지 않고 그 넓은 품으로

또 다른 아비 노릇 한 판 여한 없이 해낼

국의 내일을 기대하며 축복합니다. (2015. 6.)

세족식

오늘은 예수님이 십자가에 달려 돌아가신 성 금요일입니다.

제자들은 예수님이 당연히 세상의 힘센 왕이 되어 정복자인 로마로부터 나라를 독립시켜 줄 것을 믿고 따랐습니다.

예수님이 십자가에 달려 돌아가시기 전날 밤까지 스승께서 이스라엘 왕이 되면 자기가 더 높은 자리에 앉겠다고 서로 싸움질을 했습니다. 그런 제자들의 발을 씻기면서 '네 이웃을 네 몸과 같이 사랑하라.'고 하셨습니다.

예수님이 로마 병정에게 잡히기 전 세상에서의 마지막 공식 일정이 제자들의 발을 씻긴 사건입니다. 제자들은 발을 씻은 지 하루도 안 되어 예수님을 버리고 다 도망가 버렸습니다. 깨끗한 발로도 배신을 때립니다.

어떻게 죽음 앞에 선 스승님을 홀로 두고 모두 다 도망을 갈 수 있을까? 그런 나쁜 비겁한 배신자들을 비난하다가 나를 생각해 봅니다.

십자가에서 죽을 빈손의 예수님을 자기 욕망에 눈멀어 따

라다녔으니 가진 것도 없고 무엇 하나 기댈 데도 없으니 얼마나 무섭고 불안했을까? 내일의 목숨을 위해서만 혼신을 다하고 있는 내가 제자들을 비난하고 있었다니 참 우습지도 않은 인간이 나라는 것을 새삼 알아차린 오늘입니다. 마지막 날 밤 예수님은 인자가 섬김을 받으러 온 것이 아니라 오히려 섬기러 왔다고 말씀하시며 제자들의 발을 씻기셨습니다.

우리도 그렇게 하라고 하셨습니다.

몸소 섬기신 사건이지만 우리들에게 주신 지상명령이었습니다. 서로의 발을 씻기라고 하셨는데 처음에는 신선한 충격이었던 이 살가운(실감나는) 명령이 시간이 거듭되면서 절기 행사가 되어 가는 느낌이 들 때가 있습니다. 의례적인 행사치르듯 하기도 하지만 그럼에도 대부분의 커플들은 감동의 눈물을 흘립니다. 그 시간 그 의미에 마음이 가 닿지 못한다면 시간이 너무 느리게 가서 상대방에게 한없이 민망한 것이 세족식의 특징입니다. 제 얘기는 아닙니다.

오늘 하루라도 예수님의 마음을 본받아 낮고 낮은 마음이 되었으면 좋겠습니다.

오늘 하루라도 발을 씻기는 네 이웃이 아니라 하루라도 예수님 앞에서 낮아지면 좋겠습니다. (2015. 4. 3.)

주님인 줄 알면서도 모르는 척할 나

예수님이 돌아가시고 사흘만인 그날 새벽. 예수님을 따르던 여자들이 향품을 가지고 예수님의 무덤에 갔습니다. 무덤 입구를 막은 돌이 옮겨져 있고, 무덤이 열려 있었습니다.

무덤 안에 예수님의 시신이 보이지 않았습니다.

근심하고 있을 때 흰옷을 입은 천사들이 나타나 "어찌하여 산자를 죽은 자 가운데서 찾느냐? 예수님은 여기 계시지 않고 살아나셨다." 그 말을 들을 여자들이 열한 명의 제자들에게 뛰어가 무덤이 비어 있다는 것과 천사들의 말을 전했습니다. 그때 제자들은 믿지 않았습니다.

성질 급한 베드로가 뛰어가 빈 무덤을 보고는 이상히 여기고 돌아갔습니다. 또 다른 두 명의 제자들은 근심에 쌓여 슬픈 얼굴을 하고 엠마오라는 시골 마을로 터벅터벅 내려가고 있었습니다. 예수님이 왕이 될 거라 믿고 왕 같은 스승님께 마음을 다 바친 제자들은 무력하고 비참하게 죽은 예수님 때문에 정신을 차리지 못하고 하릴없이 '헤쳐 모여'를 하고 있었습니다. 그럴 수 있었던 것은 이스라엘의 땅덩어리는 강원도 크기밖에 안 되기 때문입니다. 예수님이 기적을 행하실 때는 제자들도 기가 살아 엄청난 카리스마를 뿜어냈을 것입니다.

소위 출세를 하고 싶어서 재산도 가족도 다 버리고 따랐겠지요. 기적의 현장에서 제자들의 모습은 활기차고 안정감이 있었을 거예요. 에너지의 분량과 세상의 욕망은 정비례합니다. 주님이 말씀으로 중풍 병자를 일으키고, 귀머거리를 고치고, 귀신을 쫓아내고, 죽은 자를 살리는 기적의 장소에 군중들이 구름 떼처럼 몰려올 때 제자들의 눈빛은 세상의 어떤 우월함도 압도하는 형형함이 있었을 거예요.

세기의 독재자 광기의 살인자, 히틀러의 최고 참모 괴벨스의 사진을 어쩌다 봤습니다. 왜소한 몸에서, 날카로운 눈매에서, 강렬한 아우라가 엄청나게 뿜어져 나오고 있었습니다. 사진 속에서 금방 튀어나올 것 같았습니다. 괴벨스는 그 강력한 욕망의 에너지로 아직 살아 있는 것처럼 느껴졌습니다. 독재자의 하수인이 뿜어내는 카리스마가 강력한 활기로 느껴지는 것은 무슨 심사인가.

그것은 내 마음에 숨어 있는 비열한 노예근성 때문임을 고백합니다. 이루지 못한 꿈과 함께 자유로운 존재로서의 존엄성도 함께 포기했음을 고백합니다. 나를 압도하는 자 앞에 굴종하여 안정감을 얻었음을 고백합니다. 눈과 귀를 닫고 자유와 존엄이라는 단어를 혼의 사전에서 지웠음을 고백합니다. 세속의 리듬에 함께 어우러졌음을 고백합니다.

독재자들의 유령은 어떻게 살아날까요? 참과 거짓 앞에서 안 보고, 안 듣고, 살아 있는 마음은 포기한 곳에서 살아납니다. 몸의 안일을 위해 마음이 죽은 곳에서 살아납니다. 폭력이 두려워 입 다물고 있는 곳에서 살아납니다.

하늘을 찌를 것 같았던 제자들의 꿈은 박살이 났습니다. 이스탄불에는 그 시대 세계 최대의 히포드롬 원형 경기장이 있습니다. 그 모퉁이를 돌아가면 예수님이 제자들과 머물렀다는 초라한 굴이 있습니다. 굴 앞 바위에 예수님과 제자들의 모습이 조각되어 있습니다. 초라한 13명의 군상들은 부랑자 같았습니다. 제자들의 슬픈 절망감이 그려집니다. 인간적으로 참 안타깝게 되었습니다. 하지만 부활은 죽음이라는 조건이 있어야 성립합니다. 부활하신 예수님께서 죽을 것 같은 심정으로 '헤쳐 모여' 하고 있는 제자들을 찾아 나섰습니다. 절망에 눈이 가려진 제자들은 예수님이 안 보였습니다. 스승님이 한참을 옆에 계셨는데 몰라봤습니다. 예수님은 성경을 들어서 힌트를 주며 "내가 나다. 에고 에이미." 하시는데도 요즘의 성경 박사들처럼, 세습하는 대형교회 목사들처럼, 제자들이 못 알아봅니다. 애가 타신 예수님이 제자들과 함께 숙박집에도 따라가셨습니다. 허탈함에 몸을 맡긴 제자들이 부활하신 예수님을 알아보지 못합니다.

음식을 잡수실 때 떡으로 축사하시고 떡을 떼어 주실 때에야 비로소 제자들은 제 눈이 밝아져서 스승인 줄 알았답니다. 떡이 안약입니다. 배고프면 눈에 뵈는 게 없다는 말을 실감하게 됩니다. 입이 열려야 귀가 열리고 입이 열려야 목소리가 열린답니다. 드디어 눈멀었던 제자들이 눈을 뜨기 시작합니다. 배 고프면 눈에 뵈는 것이 없다는 말을 실감합니다. 저도 우리 아이들을 만나러 갈 때 떡을 가지고 가서 엄마의 피나는 노력으로 이룬 성취를 모르는 척할 때마다 떡을 먹이고 싶습니다. 예수님은 곧 그 즉시 예루살렘으로 돌아가 모여 있는 제자들에게로 가셔서 말씀하셨습니다.

"너희에게 평강이 있으라."

뜬금없는 말씀을 하시는 예수님 앞에서 평강이 있을 턱이 없는 제자들은 또 오작동했습니다. 예수 귀신인가 하여 심히 두려워했습니다.

예수님이 설득하셨습니다.

"귀신은 살과 뼈가 없다. 나는 있다. 내 손과 발을 보아라. 그리고 나인 줄 알아라."

그때 제자들은 또 너무 기뻐서 오히려 믿지 못하고 꿈인가? 생시인가? 기이히 여겼습니다. 제자들이 기이히 여길 때 예수님께서 이르시되, "여기 무슨 먹을 것이 있느냐?" 하시고 구운 생선 한 토막을 잡수셨습니다. 그때 또 먹을 것 앞에서 제자들의 마음이 모두 열렸습니다. 예수님이 잡힐 때 어떤 제자는 로마 군단이 겉옷을 잡아당기자 옷을 벗어 버리고 도망갔습니다. 이 비겁쟁이들이 모두 눈을 뜨고 예수님을 알아봤습니다.

인간이 어떻게 예수님을 알아볼 수 있을까요? 성경은 말씀하십니다. 하나님께서 그들의 마음을 열고 눈을 뜨게 해주셨다고 합니다. 하나님이 눈을 뜨게 해주셔도 억지로 감아 버리면 부활의 예수님이 안 보이지요. 그런데 제자들의 마음이 부활의 예수님을 믿기로 확정했답니다. 예수님이 이제 이 땅에서 임무를 완수하셨습니다. 얼마나 애를 쓰셨는지요. 죽는 것도 죽도록 힘들었는데 제자들 찾아다니시며 내가 부활했다고 설득하시느라 얼마나 바람처럼 날아다니셨는지 부활하시고 하신 일이 그것밖에 없습니다. 제자들을 설득하셔도 안 되니 하나님께서 제자들의 마음과 눈을 열어 주셨습니다.

임무를 완성한 예수님이 "너희는 이 모든 일의 증인이 되거라." 하시고 가난한 자들의 집이라고 불리는 베다니 앞까지 제자들과 함께 가셔서 손을 들어 축복하시며 저희를 떠나 하늘로 올라가셨습니다. 예수님이 살아나셨다는 말을 듣고도 믿지 않아 예수님께서 친히 설득하시다 꾸짖기도 했던 그 제자들은 그제야 예수님의 살아나심을 믿고 기쁨에 차서 예루살렘 성전으로 돌아가 늦게까지 하나님을 찬송했습니다. 그리고 그들은 목숨을 아까워하지 않는 복음의 용사가 되었습니다. 요한만 빼고 모두 순교했습니다.

주님을 알면서도 안락한 내 삶을 위해서 자유도 존엄성도 포기한 존재들이 어떻게 순교를 할 수 있었을까? 제자들이 지금 이 시대를 살고 있고 순교해야 한다면 아마 끝까지 예수님을 모르는 척했을 거라고 생각합니다. 그러면 주님은 끝까지 따라다니며 "내가 나다." 하시면서 증명하시는, 그런 주님의 안타까운 모습을 상상해 봅니다. 그때로 돌아가 순교해야 한다면, 끝까지 모르는 척할 나입니다. (2015. 4. 6.)

꿈에도 그리는 내 고향 진도

꿈에도 그리운 내 고향 진도는
가뭄도 피해 가고 태풍도 피해 가서
일 년 풍년이 들면 삼 년을 먹고살 수 있었던
풍요롭고 평화로운 곳입니다.
구름은 동네 앞 산등성이에서 해질 녘까지 한가롭고
밤에는 별이 쏟아질 듯 빛나는 진도는
옥주라는 옛 이름 그대로 보배섬입니다.
우리 아버지, 우리 어머니, 할아버지, 할머니가
평화로이 잠드신 내 고향 진도는 진도에도 있고
내 가슴에도 있어 별처럼 영원히 빛나고 있습니다.

역설입니다.
이 아름다운 섬 안에는 곳곳에 삼별초의 난이라는 대몽 항
쟁의 흔적들이 선명하게 남아 있습니다. 푸르른 청춘이었을

생때같은 죽음의 역사가 새까만 돌성 위에 이끼처럼 남아 있어 처연한 빛을 냅니다. 삼별초 유적지인 용장 석성에는 비바람이 실어 온 이름 모를 들꽃들이 무덤처럼 자라난 찔레 덤불에 기대어 봄이 오면 어김없이 곱게 피어납니다.

진도의 역사는 백제 시대까지 올라갑니다. 오랜 역사의 진도는 왜적들과 7년 전쟁도 겪었답니다. 수많은 전쟁으로 짓밟힌 백성들의 아픔과 청춘의 날에 목숨을 빼앗긴 젊음들과 어미들의 비통함이 소리 가락이 되어 명창들의 가슴에서 뜨겁게 피어납니다.

진도는 명창들의 산실이 되었고 그들의 소리는 듣는 이들로 하여금 애간장 끊어지는 아픔을 느끼게 합니다.

사방이 바다로 막힌 진도에서 태어난 모든 우리들은 죽음의 노래 위에 탯줄을 내린 새 생명이었습니다. 거침없이 부는 바람 속에서 상처난 역사의 흔적들을 놀이터 삼아 자라난 우리들은 진도의 풍광을 온몸으로 살아냅니다. 세월은 흐르고 몸은 멀리 있어도 여전히 주인인 우리들의 웃음소리는 쏟아질 듯 빛나는 별빛과 함께 지금도 온 바다에 온 산에 가득하겠지요.

진도대교

이충무공
벽파진전첩비

토요민속여행공연

용장성

세방낙조

진도군청

진도개테마파크

운림산방

신비의바닷길

진도 남도진성

하조도 등대

역설입니다.

수많은 아이들이 죽었습니다.

삼별초 유적지에는 모래바람처럼 몰려온 몽골군들에게 삼
별초군과 궁녀들과 백성들이 너무나도 많이 죽임을 당한 피둠
벙이라는 연못이 있답니다. 아름다운 보배섬에 그것도 모자
라 이제는 바다에도 피둠벙이 생겼습니다.

그 바다에 어떤 몽골군들이 모래바람처럼 떼거지로 왔다
간 것일까요? 그 바다에 어떤 왜놈들이 칼바람 휘저으며 왔
다 간 것일까요? 생때같은 우리 아이들을 누가 죽였을까요?

팽목항에 갔을 때 온갖 소문들이 휩쓸고 간 후였습니다.

시신을 찾지 못한 가족들 몇 명이 작은 투명 텐트 안에서
흰옷의 신부님과 함께 촛불을 켜 놓고 있었습니다.

철조망 안의 풍경이었습니다. 나는 접근 금지 구역이라고
써 놓은 팻말 앞에 서 있었고 몇 명의 경찰관들이 나를 지켜
보고 있었습니다. 바람이 마구 헝클어뜨리는 비구름을 몰고
와 바다 위에 풀어놓고 있었습니다.

나는 못난 마음과 초라한 얼굴로 한참을 땅끝의 비바람 속
에 있었습니다.

그리고 이 시가 토해지듯 모습을 드러낼 때까지 잠을 잘 수가 없었습니다.

세월호 1주기가 돌아옵니다. 무도한 세력들이 별이 된 아이들을 모욕합니다.

그래서 잠이 달아나는 요즘입니다. 아이들만 잘된다면 죽어도 좋다고 하던 어미의 마음이 시퍼렇게 시퍼렇게 덧났기 때문입니다. 세월이 흘러도 세월호의 흔적들은 다시 뿌리를 내려 하늘에 이르고 서슬퍼런 증인들을 길러내겠지요. (2015. 4.)

접근 금지 구역

나는 태풍의 소문 속에 팽목항에 있었다.
갓 폭로된 돌덩이들은 여기저기서 멈칫대고
검붉은 황톳길은 길고 거친 숨을
거머쥐고 땅끝을 향해 꿈틀거리고 있었다.
나는 그 길을 더듬어 아픈 마음 비켜 갈
단서를 수소문하고 있었고
비는 바람을 앞세워 몰려왔다.
비는 나를 비껴가지 않았다.
비가 바람을 안고 떠돌면서
내 심령과 하늘과 바다와 땅의 경계를
무너뜨리고 있는 것을 보았다.
천지는 소리를 지르며
한 자락의 너울로 풀어져 무명으로 돌아가고
그 시간 접근 금지 구역 안쪽 투명 천막 안에서
작은 촛불들이 그 무명을 밝히고 있는 것을 보았다.

나는 금 밖에 서 있었다.

거기 서서 접근 금지 안내문들이

꺽꺽 토해내는 소리를 들었다.

감히 접근할 수 없는

억장이 무너지는 풍경이 있다는 소리를. (2015. 4.)

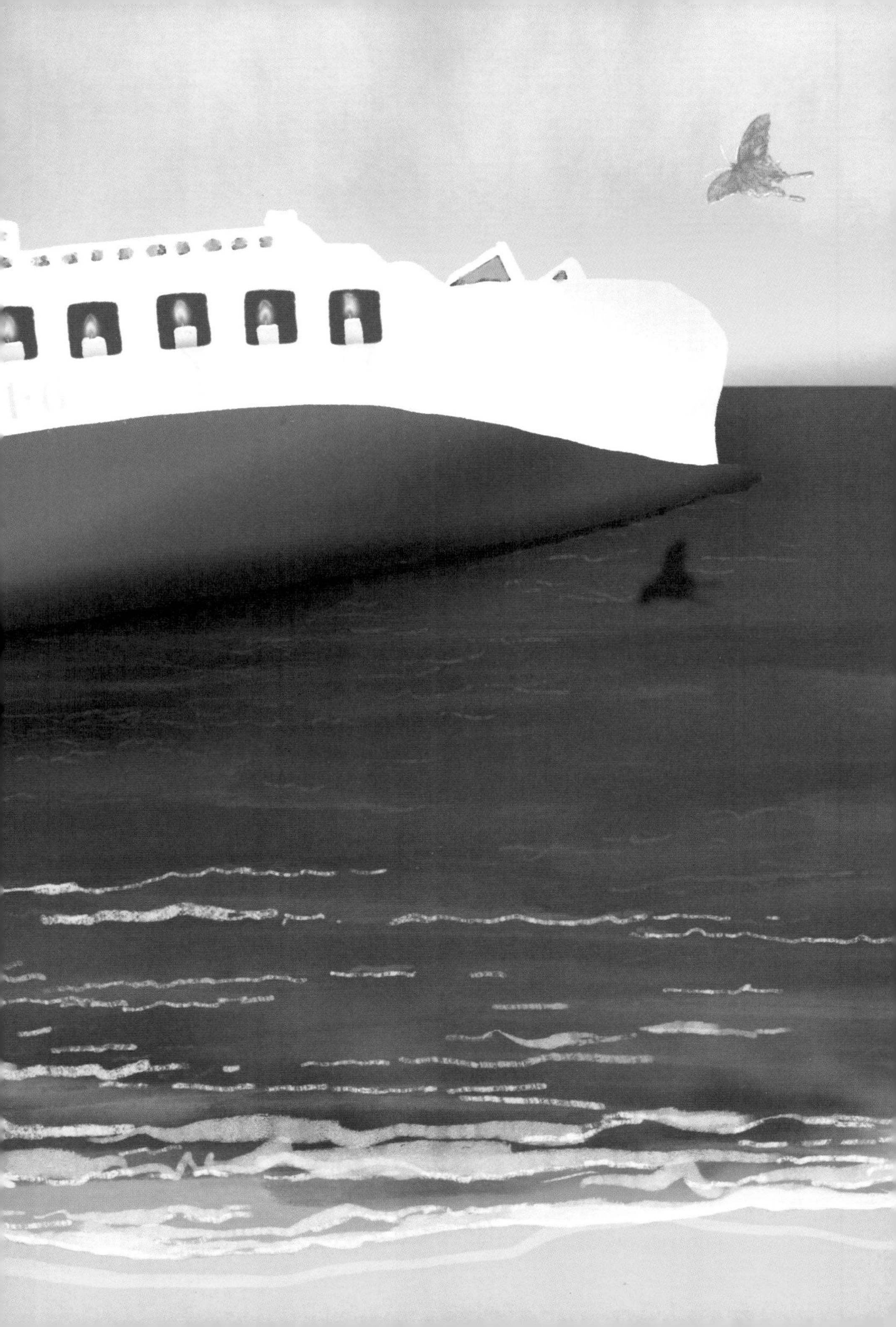

경안천 습지공원

　지난 토요일 경안천 습지 공원에서 생태학교 현장 수업을 했습니다. 황보연 교수님의 열강을 통해서 새들의 특성을 많이 알게 되었습니다.

　놀라웠습니다. 새들의 생존 본능이 놀라웠습니다. 그 작은 얼굴과 몸으로 사람보다 강했으면 강했지 모자라지 않았습니다.

　놀라운 것 또 한 가지는 무심한 듯 흔들리는 부들 속에 그렇게 많은 종류의 새들이 살고 있다는 것입니다. 또 더더욱 놀라운 일은 원앙새 수컷이 바람둥이에 의처증 환자라는 사실이었습니다. 원앙이 바람둥이에 의처증 환자라니 말이 되는 말인가? 살아남기라고 교수님이 해명해 주시긴 했지만 아무리 새라도 배반감이 참 컸습니다.

　새들의 노랫소리가 갑자기 그악스럽게 들렸습니다.

　사연을 알고 들으니 이전에 듣던 그 소리가 아니었습니다. 바람에 섞여 자연스레 흘러가던 새들의 노래가, 노래가 아니라는 소리를 들으니, 들으면 들을수록 시끄러웠습니다. 그럼에도 습지 공원은 아름다웠고 바람은 부드러웠습니다.

그 바람 속에서 교수님이 하나하나 새들의 이름을 말하는 그 순간 개개비, 민물가마우지, 박새, 검은등뻐꾸기, 왜가리, 흰뺨오리, 오목눈이, 알락할미새, 직박구리, 중대백로, 이 이름들이 그들의 시끄러운 소리와 함께 어느 틈에 내 가슴에 날아와 깃들었습니다. 무슨 수를 써서라도 살아내야 할 극성맞은 새들을 품고서도 부들숲의 부드러운 풍경이 포근하게 생명의 향기로 다가왔습니다.

경안천 하구는 찻길에서 스쳐보던 조용하고 예쁘기만 한 풍경은 아니었습니다. 이름은 잊어버렸지만 고기잡이 새들이 떼 지어 유영하는 풍경은 물과 숲이 어우러져서 광활하고 장엄했습니다.

살아 있는 작은 생명들에게 정중하게 반응하는 생태반 어린 친구들의 모습도 신기하고 예뻤습니다.

한 바퀴 순례가 거의 끝나가는 시간에 만난 참새도 새롭고 신기했습니다.

"참새도 신기하다. 신기하다."

"원래 이 시간은 참새도 신기해요. 하하."

교수님의 웃음소리도 신기한 그 시간에 작은 들꽃들 사이로 나 있는 좁은 오솔길에 참새가 앉아 있었지요. 작은 깃털에 작은 햇빛이 먼지처럼 묻어 반짝이고 있었습니다. (2015. 6.)

뿌리 깊은 출판사

저는 단지 남편 눈에 얼굴이 예뻐서 수재인 남편을 만나 역사 깊은 출판사의 대표가 되었습니다. 발행인이 되고 나온 첫 책이 《강가에서》라는 책입니다.

맨 앞에 제 이름이 있고 그 뒤로 성실하고 착하고 마음 깊은 산하 식구들의 이름이 줄줄이 따라옵니다. 내 이름이 마치 기러기 행렬의 대장 같습니다.

비바람 치는 길일지라도 마다하지 않고 앞장서서 동료들을 인도하는 비장한 기러기 대장 같습니다.

저는 자랑질쟁이입니다. 그때가 기분이 제일 좋습니다.

7월의 첫날입니다.

저에게 또 다른 길을 주신 하나님께 감사합니다.

천년 동네 우리들 모두에게 자랑할 일 많이 주시기를 기도합니다. (2016. 7. 1.)

실시간 뉴스입니다

남편이 차려주는 생일상을
기다리고 있습니다.
메뉴는 미역국과 쌀밥이랍니다.
천년 광주의 식구들 함께 드시지요.
완도산 전복이 통으로 들어 있는 시원한 전복 미역국.
네 봉지가 냄비 옆에 있습니다. (2017. 2.)

사막의 신기루, 부부의 사랑

무명의 프리지어 꽃다발

대문 손잡이에 걸려 있었다.

큰 꽃바구니들 위에 걸린

한 묶음 작은 꽃다발이 생기 있고 탐스러웠다.

미술대 새내기의 봄날

첫 번째 실기실, 첫 번째 모델이었던 프리지어.

청춘의 날, 그날의 풍경과 함께 남은 내 인생의 꽃향기.

누가 이름도 없이 보냈을까?

가까운 사람들과 남편에게 수소문했다.

답이 없었다.

눈 속에서도 피어난다는

봄의 꽃은

유리병 안에서 노랗고 달콤했다.

의문은 남고 시간은 흘렀다.

남편의 당선 축하 행사장에

단골 꽃집 주인이 축하 손님으로 왔다.

남편이 그와 함께 내게로 왔다.

"이 친구가 당신께 프리지어 가져온 거야."

아하!

"집사람이 프리지어 제일 좋아한다고

의원님이 전화하셨어요."

남편이 아닌 척 말했다.

"내가 그랬던가?"

아하!

험난했던 내 인생 여정 어느 세월 속

까마득한 날의 그림자로 얼어 있었을

프리지어 향기.

아하!

어디선가 얼음 깨지듯

쩍 갈라지는 청명한 소리 들려왔다.

내 안의 빙벽이 깨지는 소리

달콤한 향기 날리다.

사막의 신기루 부부의 사랑. (2019. 어느 날)

권양숙 여사님

"정치가 칼날 위를 걷는 것과 같다.
남편이 지도자라면 그렇게 살 수밖에 없다.
칼날 위를 걷듯이."

21대 더불어민주당 국회의원 배우자 모임 임원진은 권양숙
여사님을 뵈러 봉화에 갔다. 여사님은 마당에 핀 분홍 찔레꽃
과 우리들에게 선물로 줄 손부채로 식탁을 장식해 놓고 우리
를 기다리고 있었다. 원탁에 둘러앉은 우리는 여사님의 유머
에 붉은 눈시울을 하고 밝게 웃었다. 무서운 풍상을 겪었지만
역사 앞에 당당한, 작은 여인 앞에서 민사모 대표들은 정중하
고 청아했다.

햇빛 아래 아무렇지 않게 드러난
부엉이 바위를 앞에 두고
우리는 맑게 웃었다.

그 속에서도 내 귀에는 숙영이의 목소리가 쟁쟁하게 울렸다.

"저 대신 여사님이랑 둘이 사진 찍고 오세요."

그래서 둘이 사진을 찍었다.

노 대통령님의 의중을 살려 꾸민 정원이 소나무와 어우러져 물이 흐르듯 바람이 불듯 자연스럽고, 탐스럽게 열린 앵두들은 꽃보다 예뻤다. 꽃잎을 먼저 날려 보낸 작약과 목단꽃 나무들의 푸른 향연 속에서 내 가슴에 비수처럼 꽂혀 서슬이 퍼렇게 자리 잡은 권양숙 여사님의 이 한마디.

"남편을 대신하는 자리에서는 어떤 경우라도 물러서지 마라." (2019. 5.)

정신이 죽은 살아 있는 몸은
살아 있는 몸이 아니다

명성교회 세습 문제로 광나루 선지동산 미스바 광장에는 연일 촛불시위가 이어지고 있고 검찰개혁을 요구하는 촛불이 거대한 불길이 되어 서초동 법원 앞으로 이동 중인 때 나는 평양노회 제3회 심포지엄 및 서대문 형무소 역사 투어를 했다.

100년 전 독립운동 당시 부르던 노래들을 바리톤 김산이 부르며 선율 있는 예배를 시작했다. 분명 우리 임선미 담임목사님이 기획했을 역사, 평화, 신학, 한국교회 여성지도자들 심포지엄은 유관순 열사와 독립운동가 김마라아가 벽 하나 사이로 갇혀서 벽을 똑똑 두드리며 대화했다던 여성 감옥을 끝으로 막을 내렸다.

감옥이었던 유리방에는 죽음을 결단했을, 목숨을 아까워하지 않았던 20대 여성 독립운동가들의 얼굴들이 빼곡하게 걸려 있었다. 의연한 얼굴들이 별처럼 빛나고 있었다.

'많은 사람을 옳은 데로 돌아오게 한 자는 별과 같이 영원

토록 비취리라.' (다니엘 12장 2절)

좁은 유리방이 동공과 청각을 확장시켰다. 유리방은 좁지만 빛나고 창대한 우주의 소리와 우주의 운행을 느낄 수 있었다. 투사들의 숨결이 가슴속으로 밀려들어왔다. 나도 나라와 민주를 사랑하는 불꽃이 되리라. 나는 죽어서도 살리라. 불의를 보고 거대한 불길로 타오르며 일어서는 오늘의 장하고 아름다운 촛불들처럼 그렇게 타오르리라.

사형장으로서 암울하고 스산했을 서대문 형무소를 노인부터 아이들까지 차를 댈 곳 없이 찾아든다. 박원순 서울 시장께 감탄과 찬사의 박수를 보낸다. (2019. 9.)

진짜 살아 있는 권력

진짜 살아 있는 권력인 국민들 앞에서 칼 들고 날뛰는 검찰을 보며 분노만 쌓고 있는 나 자신의 무력함과 거짓의 탈을 쓰고 기승을 부리면서도 부끄러운 줄 모르는 독재의 잔당들과 시사에 무지한 국민들 눈을 가리고 불의한 자들을 방어하고 있는 윤리 의식을 벗어던진 신문 방송들과 자기를 믿고 따르는 교인들을 미혹하고 유린하여 변질된 말씀으로 시선을 왜곡시켜 하나님을 팔아먹는 거짓 목사들. 무지한 시민들이 가짜뉴스에 속는 것을 알면서도 그걸 방치하고 있는 위정자들의 직무유기를 보면서 안타까움이 분노가 되어 아무 때나 불처럼 타오르는 요즘입니다. (2019. 10.)

Blowing in the Wind

우리들의 역사 속에서는

언제가 되어야 독재에 유린당한 영혼들에게

안식의 시간이 찾아올 수 있을까?

반전 가수 밥 딜런의 평화를 기도하는

그 노래는 청춘의 세월이 지난 지금도 가슴에

바람으로 스며듭니다.

오랜만에 내 인생 노래 밥 딜런의 'Blowing in the Wind'를

들어 보는 호사를 누렸습니다. (2019. 어느 날)

빵 터진 둘째 딸

"오늘 우리 둘째 생일이여."

오늘 아침 남편이 넌지시 알려줬다.

한 번도 가족의 기념일을 잊은 적이 없는 남편.

늘 그랬듯이 나는 스스로 기억해낸 것처럼 가족 단톡방에 축하 꽃다발 이모티콘을 마구 올렸다.

함께하지도 못하면서 딸의 생일을 생각하지도 못한 미안한 마음에 세상의 모든 꽃을 선물하는 마음으로 수선스럽게 이모티콘 꽃다발 증정을 끝냈다. 그러자 바로 남편한테서 미역국 맛있게 끓이는 법이 단톡방에 날아들었다. 그리고 금방 삭제되어 날아갔다. 먼 곳에서 혼자 미역국을 끓여 먹을 아이를 생각하니 짠했나 보다. 그리고 다시 남편한테서 날아온 사진 생일상. 맛있는 음식이 가득하다. 풍성하고 정겨운 상차림 속에 아빠의 사랑이 가득하다. 남편이 차린 생일상 사진이 단톡방에서 풍성하고 정갈하다.

불의 앞에서는 벼린 칼 같고, 맡겨진 일 앞에서는 결코 물

러서지 않는 황소 같고, 자기 아이들뿐만이 아니라 이 강산
이 땅의 모든 아이들 앞에서는 비단결 같은 사람. 많은 재산
과 젊음을 투자해서 우리나라 창작동화의 역사가 된 도서출
판 산하의 영원한 사장 소병훈. 물가의 왕사슴 같은 둘째 딸
을 얻은 날, 그 둘째가 보내 준 답글입니다.

"엄마 아빠 고맙습니다. 꽃 사진 보면서 예쁘네~~ 하다가
아빠가 차려준 생일상 사진 보고 빵 터진 둘째 딸입니다. (푸
하하) 두 분 호흡 잘 맞는 모습, 보기가 무척 좋습니다요!"
(2019. 11.)

유시민 아저씨

바로 조금 전 아들에게서 전화가 왔다.

"엄마 좀 어때?"

"미술치료 강의하고 나니 기분이 좋아서 안 아파."

"다행이네. 유시민 아저씨 우리 공연 보러 오셨어."

"엄마 기분 좋으라고 사진 찍어 가족 단톡방에 보낸다."

"와, 유시민 아저씨 멋있어. 자랑해야지.

우리 아들 공연에 유시민 아저씨가 오셨다고.

엄마는 니 자랑할 때가 제일 기분 좋아. 이제 진짜 안 아파."

내가 아는 하나님은 당근과 채찍을 동시에 주시는

심리에 능하신 로드 매니저시다. (2019. 12.)

대조동으로 이사한 산하

광화문 시대 30년의 막을 내린 산하, 은평구 대조동으로 이전한다. 주인 없이 이사하느라 애쓴 산하의 가족들과 광화문 시절의 산하에 감사하는 마음으로 이 글을 쓴다.

광주에서 더불어 원팀 발대식을 하는 날, 산하의 직원들은 새 출발을 위한 발걸음이 분주했을 것이다. 청춘의 감회가 서린 곳을 떠나는 서글픔과 소박한 동네에서 다시 시작하는 희망이 교차하는 마음들로 분주했을 것이다.

소병훈 산하 사장님의 젊은 날 청순한 열정을 불태운 광화문의 산하. 이사 전에 대신 가서 그 마음으로 눈에 담고 왔다. 인생의 첫발을 산하에서 시작했고 나머지 인생도 산하와 함께할 직원들과 함께 단골 로스팅 커피집에서 산하의 광화문 시대를 마무리했다. (2020. 3.)

태풍보다 홍수보다 칼보다 더 두려운

남편은 나에게 사회와 역사에 대한 몽학 선생이다. 가정교사라는 뜻이다. 더불어 사는 일이 얼마나 중요한 일인지를 말로써, 삶으로써 가르쳐준 사람이다.

나는 어려서부터 병약했다.

어머니는 갓난쟁이인 나를 업고 다니면서 국회의원 후보이신 아버지의 찬조 연설을 했는데, 웅변가셨던 아버지보다 훨씬 감동적인 연설을 했다고 한다. 그리고 연설이 끝나면 단상에서 내려와 갓난쟁이인 나에게 젖을 물렸다고 한다. 동정표를 받으려는 계산이었다.

배가 고프지 않아도 아이는 젖을 먹어야 했고 배고파도 젖을 못 얻어먹어 마음고생이 심한 아이였다. 배고픈 아이에게 젖을 안 주는 것은 아이에게는 큰 폭력이다. 배 안 고픈데 젖을 물리는 것은 아이에게는 더 큰 폭력이다. 젖 먹는 일은 아이에게 생사의 일이기 때문이다. 좋아라 젖을 빠는 중에 젖을 빼 버리면 아이는 얼마나 놀라겠는가. 그때마다 깜짝 놀란 눈으로 엄마를 쳐다봐서 내 눈이 이렇게 커졌나 보다.

돌봄이나 수유 시간이 불규칙한 구강기 아이는 불신의 싹을 크게 틔운다. 현대 심리학의 아버지 프로이트는 인간은 발달 단계가 있고 그 시기마다 반드시 채워야 할 욕구가 있다고 했다. 심리는 과학이라는 말이 맞다. 나는 프로이트 욕구 8단계 중의 첫 단추인 신뢰감 대 불신감인 구강기라는 거미줄에 걸려 평생을 알 수 없는 내면의 갈등 속에 허우적거렸다. 아버지는 낙선을 하셨고 그 후유증을 내가 스스로 다 흡수했을 것이다.

항상 나는 아팠고 위축된 어린 날을 보냈다. 자존감이 낮은 내가 주눅 든 상태에서 역동의 세월을 건너온 사실이 신기하고 놀랍다. 어린 내 생각에 어머니는 나를 미워하셨고 반면 아버지는 나를 절대적으로 예뻐하셨다. 병약한 나는 그림을 잘 그렸고 아버지는 내가 그림만 그리면 기뻐하셨다.

"우리 혜영이 천재야." 하시며 세계적인 화가가 되라고 날마다 기도하셨다. 나는 그림만 그리면 되었다. 나는 세상모르고 환상 속에서 살았다. 나는 고고했고 자유로운 영혼이었다. 명문 홍익대 명망 있는 교수님들도 나를 천재 소녀라고 말했다.

내 그림의 세계는 거대한 환상의 세계였다. 그 환상 안에 주변의 소소한 일상사는 없었다. 결혼과 동시에 나는 독수리처럼 하늘에서 직각으로 곤두박질쳤다. 독수리는 먹잇감을 향해 자의로, 곤두박질치지만 나는 결혼이라는 상황에 곤두박질을 당했다. 따지고 보면 내가 좋아서 한 결혼이지만, 결혼살이가 세상살이가 되었다. 아이를 낳고 아이들과 함께 살아내야 하기에 살을 저미듯 그림의 세상을 저며냈다. 남편은 힘에 부치는 이 넷을 양육해야 했다.

결혼의 길은 둘 다에게 고행의 길이었다. 그 길에서 내 마음에 남편이 심어준 명제 하나. 그 나라의 행복지수는 사회적 약자들의 행복지수다. 사회적 약자들이 행복한 나라가 진정으로 행복한 나라다. 남편은 행복한 마음이 들 때면 내가 이렇게 행복해도 될까? 스스로 부여한 사회적 책무가 행복감을 압도하고 있었다. 변함없는 소병훈. 그런 남편이 참 귀하고 소중하다. 내가 선거운동을 격하게 하게 된 이유이다.

나는 광주가 정의가 물같이 흐르고 공의가 마르지 않는 강같이 흐르게 되기를 간절히 소망한다. 하나님의 마음을 흡족하게 하는 도시가 될 것을 간절히 소망한다.

나는 단식투쟁을 하면서 결혼을 했다. 힘든 일도 많았지만, 이따금 후회도 했지만, 청춘으로 돌아가 다시 결혼하라면 한

점 망설임 없이 소병훈과 할 것이다. 다시 살라 하면 천년의 도시 광주에서 살 것이다. 남편은 가정에 충실했던 것처럼 광주에 충실했고 이제 더욱 강력한 일꾼이 될 것이다. 진짜 살아 있는 권력, 태풍보다 홍수보다 칼보다 더 두려운 존재인 주권자들의 눈에 벗어나지 않는 일꾼이 될 것이다. (2020. 4.)

내 말을 변질시키는 교회들이 슬프다
너는 지금 어디 있느냐?

처음으로 마스크를 하고 설교를 했다.

마스크가 흘러내릴 줄은 미처 생각을 못했다.

흘러내리는 마스크 올리느라 설교에 몰입하지 못했다.

더구나 우리 유치부 제자들의 별처럼 반짝이는 눈동자가 눈앞에 없었다.

종달이 같은 목소리도 없었다.

코로나 때문이었다.

교감이 없고 역동이 없는 설교를 하고 내려왔다.

내 마음은 마른 지푸라기를 먹은 것 같았다.

담임 목사님께 말했다.

"마스크가 자꾸 흘러내렸어요."

"저도 늘 그래요."

"오늘의 제 설교가 부끄러워요."

"저도 설교할 때마다 부끄러워요."

"목사님도 그렇구나."

지푸라기가 쓸고 간 듯 쓰라린 마음에 봄날의 안개 피어오르듯 평안이 서렸다.

그럼에도 교회의 빈자리가 슬펐다.

몇 년 전에 십자가 형으로 뚫린 벽, 그 사이로 하늘이 보이는 교회에서 담임 목사로서 기도할 때 나는 뜻 모를 울음을 한참 울었다.

그 울음 속에서 하나님께서 말씀하셨다.

"내 말을 변질시키는 교회들이 슬프다."

교회 때문에 하나님의 마음이 몇 시간을 내 안에서 통곡하셨다.

내 울음을 아는 너는 지금 어디에 있느냐? (2020. 어느 날)

당신은 누구십니까?

2,000년 전 터키 남부의 해안 도시 다소는 로마의 식민지였습니다. 지중해에 가까운 큰 무역 도시로 헬레니즘 문화권 속에 있었습니다. 헬레니즘이란 기원전 323년에서 30년까지 그리스의 문화예술 사상이 절정에 달한 때를 말합니다. 그리스 로마 사상인 헬레니즘은 그리스도교 사상인 헤브라이즘과 함께 서구 문화의 두 축을 이룹니다. 헬레니즘은 인간 중심적 육체적 본능적 이성적 이교도적이라 한다면 헤브라이즘은 신 중심적 영혼적 금욕주의적 감성적 기독교적이라 할 수 있습니다.

그때 바울이라는 사람이 있었습니다. 바울은 유대인이며 로마 시민권자였습니다. 로마는 그 당시 세계의 중심이었습니다. 바울의 집은 부유해서 다소에도 큰 대학이 있었으나 예루살렘으로 유학을 떠났습니다. 그는 지독한 유대 율법주의자였습니다. 예수님을 본 적도 없고 더구나 예수를 믿는 자들을 찾아 체포하고 돌로 쳐 죽이는 자리에 동참하기도 했던 그가 다메섹에서 예수님을 만난 후에 예수를 믿어 예수의 제자들만이 가질 수 있는 사도의 명칭을 가졌습니다. 이때 바울의 변신을 '다메섹 도상의 회심'이라 합니다.

자칭 사도가 된 사도 바울은 터키와 시리아 그리스를 왕복하면서 7만Km를 달렸습니다. 목숨 건 전도 여행을 했습니다. 지중해 한가운데에서 유라굴로라는 풍랑을 만나 떠밀려 간 멜리데 섬에서 독사에 물려 죽을 뻔하고 인권을 유린하는 기득권자들에게 죽을 만큼의 매를 여러 번 맞기도 했습니다. 피할 수도 있었는데 도망가지 않고 스스로 로마 황제 앞에서 예수를 증거하고 순교했습니다.

냉철한 지성인 철저한 율법주의자였던 바울은 어쩌자고 예수를 믿어서 험난한 삶을 살았을까요? 죽음을 뛰어넘은 전도의 열정은 어디서부터 시작되었을까요?

"당신은 누구십니까?"

이 질문을 한 그 순간부터입니다.

다메섹 도상에서 바울은 자기를 둘러싸는 빛을 봅니다. 예수님의 음성을 듣습니다. 그 순간 거짓 신념과 고정관념의 자락에 묶여 있던 그의 무릎은 꺾이고 그의 몸은 땅에 꺼꾸러집니다. '율법만이 진리이다.'라고 외치던 그는 발걸음을 멈췄습니다. 예수쟁이들을 잡으려고 동분서주하던 발입니다. 그 당시 기독교인들 사이에서는 "너희들은 율법을 우상으로 만들었다. 예수가 메시아다."라는 말이 들불처럼 번지고 있었습니다. 온 삶으로 경배해도 모자랄 율법의 권위를 부인하는 예수 바이러스들은 박멸되어야 했습니다.

실제로 바울은 예수를 전하던 스데반이 돌에 맞아 순교한 자리에서 돌 던지는 사람들의 겉옷들을 지키고 있었습니다. 유대인들에게 겉옷은 옷 이상의 의미를 가집니다. 겉옷은 신분을 상징하기도 합니다. 바울은 박식함으로 박해자들의 신분을 보증해 주었습니다.

"너희들은 율법에 박제당한 자들이다. 율법은 그림자다. 하나님의 실체는 예수다."

율법이 페르소나가 된 바리새인 중에 바리새인 바울에게 그들은 속히 감옥에 가둬야 할 백주 대낮의 불한당들이었습니다. 다메섹의 회심이 있던 그날도 바울은 외곽으로 흩어져 달아나는 예수쟁이들을 감옥에 잡아넣기 위해 해발 671m 고대 산악 도시 다메섹까지 쫓아가던 중이었습니다.

여기는 고원지대 다메섹입니다. 바리새인이라는 자부심과 증폭된 살기로 맹렬히 달려가던 사울 앞에 홀연히 하늘로부터 빛이 내려옵니다. 그 빛 속에서 음성이 들려옵니다.

"사울아, 사울아, 네가 왜 나를 박해하느냐?"

"당신은 누구십니까?"

"나는 네가 박해하는 예수다."

천지를 감싸는 빛을 보고 예수의 목소리를 들은 바울은 말에서 떨어졌습니다. 거꾸러졌다,라고도 합니다. 눈도 뜨지 못하고 하늘이 무너지듯 무너졌답니다. 예수님은 이렇게 특별한 방법으로 바울을 제자로 삼으셨습니다. 그리스도인이 된 그때부터 바울에게는 참으로 큰, 몸의 고난과 참으로 큰 영혼의 자유가 주어졌습니다. 밤에는 바닷물이 목까지 차오르는 옥에 갇히고 매를 맞고 태풍을 만났습니다. 바울은 이런 종류의 순례 여정에서 신약성경 27권 중에 12권을 썼습니다.

"당신은 누구십니까?"

바울이 주님께 물은 이 말은 내게는 영원한 명제입니다.

이날 이후에 바울은 모든 기득권을 벗어 버렸습니다.

"너는 누구냐?"

예수의 이름으로 세상의 기득권을 탐하는 나는 가짜입니다. (2020. 어느 날)

나는 가짜입니다

우리 교회는 동대문구 제기동 약령시로에 있습니다. 경동 시장 끝나는 지점에 정릉천이 흐르고 그곳을 가로지르는 다리가 있습니다. 이름은 삼일교입니다. 이 다리를 건너 어린이집, 떡 방앗간, 25시 슈퍼를 지나면 바로 그 옆에 교회가 있습니다. 우리 교회는 장로교 통합교단 여자 안수 기념 교회입니다. 교회로 들어서는 골목 입구 오른쪽에 아주 작은 기념터가 있습니다. 제기동 감초마을 주민들이 마을의 자랑스러운 역사를 알리는 현수막을 걸어 놓았습니다. 그 아래 까만 대리석 비석에는 이 자리는 세종대왕께서 머무시고 고희동, 피천득, 장준하 등 한국사의 거인들이 살던 명소라는 내용이 기록되어 있습니다. 왕들이 비를 기원하며 제사를 준비하던 순종황제의 제궁터 옆에는 높이 쌓은 돌담 축대가 있습니다. 그 축대 위에는 고색 창연한 제기동 성당이 있습니다.

이것이 우리 교회를 둘러싼 풍경입니다. 역사는 영광으로 고색창연하지만 현실은 창연하지 않습니다. 옛집들은 어느새

자취를 감추고 콘크리트 건물들이 들어서고 있습니다. 내부 순환 도로가 천장이 되어 비와 눈을 막아주는 삼일교는 사계절 노숙자들과 러시아산 큰 개들이 누워 있거나 앉아 있었습니다. 코로나 전 이야기입니다. 지금은 깨끗이 청소된 빈 다리입니다.

모두들 어디 있을까? 많은 인생들을 떠나보낸 삼일교, 옛날에는 방아다리였던 빈 다리는 13년이라는 나의 세월을 떠나보낼 준비를 하고 있는 듯 냉정합니다. 지금은 없어진 그 풍경 속에서 가장 인상적인 풍경은 어떤 노숙자가 하늘을 쳐다보고 앉아 있는 모습입니다. 그분은 삼일교 주변을 떠나지 않는 것 같았습니다. 그만큼 자주 봤습니다. 얼핏 철학자 같은 느낌도 들었습니다. 긴 머리만 보면 사진이나 영화에서 본 바울과 같았습니다. 수염이 더부룩했고 표정은 담담했습니다. 사시사철 입고 있던 옷도 딱히 국적을 알 수 없는 그런 모양과 질감의 암갈색 옷이었습니다. 더벅진 머리는 어깨까지 내려오고 검은색 군화는 군데군데 표피가 벗겨져 있었습니다. 우체국 맞은편에 서부시대를 연출한 초록색 문이 달린 맥줏집이 있었습니다. 그 맥줏집 벽에 붙어 앉아 있거나 누워 있었고 다리 위에서 리어카에 기대어 앉아 있거나 누워 있었습니다. 표정은 무심했고 초연했습니다. 한편 러시아의 작가 도스토옙스키의 모습 같기도 했습니다. 바울과 도스토옙스키는 사진과 그림이라는 차이는 있지만. 그 모습이 많이 닮았습니다. 그분이 눈에 띌 때 내가 시간적인 여유가 있으면 언젠가 그림을 그리리라 생각하고 차를 골목에 세워 놓고 몰래 사진을 찍었습니다. 들킬까 봐 마음이 조마조마했지요. 경동시장은 상권이 큰 시장이고 노점상들의 천막이 즐비해서 걷기에 지루하지 않고 몸을 숨기기에 어렵지 않았습니다.

그러던 어느 날 노숙자 한 분이 교회 문 앞에 나타났습니다. 지하 계단 아래서 주일 안내를 하고 있는 내 앞에 홀연히 나타났습니다. 가까에서 본 노숙자는 위험하고 비위 상하는 노숙자일 뿐이었습니다. 무섭고 맹수 같았습니다. 시간이 순간 멈춘 듯했습니다. 우리 교회는 전국 여교역자들의 역사요 가정폭력 희생자들의 보금자리 그 자체가 명분인 역사적인 교회인데 위치는 지하실이요 공간은 아주 작습니다. 바울처럼 신실한 바울 집사님 외 몇 분만 빼고는 주로 청소년들과 여자 교인들과 여자 목회자들만 있는 곳입니다. 안내자로서 어떻게 해야 할지 몰라 판단력이 작동을 못 하고 있던 그때, 담임 목사님께서 나오셔서 그분을 교회 안으로 정중히 안내했습니다. 순간이었지만 심하게 당황하는 내 모습을 교인들에게 들킬 뻔했습니다. 안도의 숨을 "휴." 하고 내쉬는데 검은 안개 같은 것이 마음에서 올라왔습니다.

"너, 여전히 껍데기구나!"

헌금 시간이 되었습니다. 헌금 특송으로 보금자리 오누이의 리코더 연주가 끝나가고 나는 오늘의 새 가족 환영 선물을 챙겼습니다. 노숙자분에게 줄 선물을 들고 런웨이를 우아하게 걸어갈 겸허한 내 모습을 상상하니 마음이 뿌듯해졌습니다. 그런데 그분이 조용히 일어나서 한번 씩 웃음을 짓더니 바람처럼 홀연히 사라져 버렸습니다. 폼잡을 준비가 다 된 내 마음과 내 두 손이 무참해졌습니다. 그때 풍채도 없고 흠모할 것이 없는 못생긴 모습이셨다는 예수님의 모습과 반대파 유대인들의 돌에 맞아 성 밖으로 내쳐진 후 돌무더기 속에서 죽은 거지 같았을 바울의 몰골이 그려졌습니다. 십자가에 달려 피 흘리는 예수님과 초라한 행색 때문에 로마 시민임을 미쳐 주장하기도 전에 옷이 다 벗겨진 채 채찍으로 매를 맞는 처참한 바울의 모습이 생각났습니다. 건네지 못한 선물을 들고 있는 내 손을 머쓱하게 내려다봤습니다.

"당신은 누구십니까?"

순간 예수님께 물었던 바울의 말이 생각났습니다.

연이어 마음을 진동하는 소리가 나에게 물었습니다.

"너는 누구인가?"

"나는 가짜입니다."

환난당한 자, 빚진 자, 마음이 원통한 자들이 보이지 않는 삼일교 다리를 유유히 건너는 나는 가짜입니다.

신성한 터전이요, 제왕들이 걷던 길이요, 우리 남편 소병훈이 마음 깊이 존경하는 민주의 어른 장준하 선생님이 지나시던 곳, 이곳을 지나면서 나에게 물었습니다.

가난한 자, 병든 자, 소외된 자들을 찾아 걸으신 주님의 길을 외면하며 양지를 찾아 달려가는 나는 누구인가? 무고한 사람들이 공권력에 의해 모함당하고 짓밟히는 이 야만의 나라에서 입 다물고 살고 있는 "너는 누구인가?"

"나는 가짜입니다." (2020. 어느 날)

되로 주고 말로 받다

솔로몬은 기원전(990~931) 유대민족을 다스린 왕입니다. 저는 아이들을 위해 기도할 때 다윗의 용맹함과 솔로몬의 지혜를 주시라고 기도합니다. 다윗은 이스라엘의 가장 위대한 왕이고 그 아들 솔로몬은 이스라엘 왕국을 군사적으로 막강하고 경제적으로 창대하게 만든 지혜와 부를 겸비한 왕입니다. 솔로몬이 왕위에 오르고 나서 왕의 일을 시작하기 전 기브온 산당에서 하나님께 일천번제를 드렸습니다.

일천번제를 드린 그날 밤에 하나님께서 말씀하셨습니다.

"솔로몬아 내가 너의 정성을 보았다. 내가 너에게 무엇을 줄고? 무엇이든지 구하면 주리라."

그때 솔로몬이 말했습니다.

"하나님 저에게 하나님 말씀을 잘 듣고 백성을 잘 다스릴 수 있는 지혜를 주세요."

"그래 너는 부와 권력을 구하지 않고 지혜를 구하는구나. 내가 참으로 기쁘다."

하나님께서는 그에게 전무후무한 지혜를 주시고 덤으로 역대 왕들이 누리지 못한 권력과 물질도 주셨습니다. 일천번제로 왕의 일을 시작한 지혜의 왕 솔로몬도 막강한 권력과 물질의 풍요 속에서 무너졌습니다.

솔로몬은 하나님께서 금지한 이방의 여인들을 많이 불러들여 많이 사랑하였습니다. 그들은 그들 나라의 신들과 함께 들어와 왕의 마음을 하나님한테서 멀어지게 했습니다. 지혜의 아이콘 솔로몬은 하나님의 말씀을 안 듣고 이방 여인들의 말을 듣다가 타락의 아이콘으로 변질되었습니다. 그 결과 그는 이스라엘이 남북으로 갈라지게 만든 장본인이 되었습니다.

잘 듣는 것.

간단한 일이 아닙니다. 솔로몬도 하나님 말씀을 잘 듣다가 배가 부르니 듣지 않았습니다. 자폐, 과잉행동 장애, 강박장애, 리플리 증후군, 조현병 등 장애인들의 특성은 드러나는 증상이 각기 다르고 그 경중의 차이는 있지만 상대방과 눈 맞춤을 못 하고 상대방의 말을 듣지 않는다는 것입니다.

말썽쟁이들의 부모를 상담하다 보면 바빠서 아이들의 말을 들어줄 시간이 거의 없었다고 합니다. 그 결과 아이들은 상대방의 말을 듣지 못하는 사람으로 성장합니다. 언어는 그 사람의 정서를 나타내며 언어로 표현이 안 되면 정서에 큰 문제가 생깁니다. 장애인들은 정상인보다 장애 정도가 심해서 장애인 판정을 받는 것이고 정상인들은 증상의 정도가 낮아 수치상 정상인일 뿐입니다. 누구나 남의 말을 잘 듣지 않습니다. 어린 아이들은 잘 듣고 잘 표현합니다. 잘 듣고 잘 말하면 천성의 변질이 없겠지요. 선천적인 장애를 제외하면 어릴수록 장애의 수치는 낮을 것입니다. 아이들은 산만합니다. 하지만 동시에 진지합니다. 딴청을 부리면서도 경청합니다. 한 번의 상담으로 핸드폰 중독을 벗어나는 아이들을 봤습니다. 아닌 척하지만, 그 아이들은 절실하게 희망을 찾고 있습니다.

"너는 내면의 힘이 큰 사람이야. 거짓말 아니야. 이거 봐. 니가 그린 나무의 줄기는 엄청 크지? 이것이 너의 힘이고 하나님이 주신 너의 그릇이야. 너는 할 수 있어."

말썽쟁이들의 나무는 대부분 큽니다. 그 말을 듣는 아이들의 눈은 순간 반짝 빛납니다. 그들의 내면에 숨죽이고 있던 큰 나무들이 순간 반짝 눈을 뜹니다. 그리고 다양한 중독을 이겨냅니다.

아이들은 위대합니다. 경청하기 때문입니다. 천국은 언제나 아이들 가까이 있습니다. 대부분의 부모들은 그림 상담 직후에는 "아, 시원하다. 살 것 같다." 하며 얼굴빛이 환하게 돌아옵니다. 그러나 얼마 지나지 않아 얼굴빛은 이전 상태로 돌아갑니다. 보는 선생님 마음도 실망감으로 돌아갑니다.

"선생님이나 잘해요. 나는 내 방식으로 험한 세상을 이만큼 헤쳐 왔어요. 나는 이대로 살다가 죽을 거예요."

물론 무언의 언어입니다. 마음속 상처를 본인의 입으로 다 쏟아 놓고 마치 들켜 버린 듯 자존심이 상해서 상담자를 피하는 분들도 있습니다. 숨 쉴 만하면 인간은 다시 확고한 자신의 신념으로 돌아갑니다. 거짓 신념의 틀에 자신의 생각을 더 가두고 정상인의 탈을 쓰고 장애의 길을 향해 갑니다.

"잘 보아라, 정상인들아. 뒤틀리고 비틀린 내 모습이 하나님 앞에서나 가족 앞에서 보이는 너의 모습이다. 너의 속마음을 보게 해 주는 우리에게 고맙다고 해야 할 것이야."

어디선가 들리는 소리입니다. 지혜의 왕 솔로몬이 일천번제를 드렸던 기도가 하나님의 음성을 잘 들을 수 있고 백성을 잘 다스릴 수 있는 지혜를 달라는 기도였습니다.

하늘에서도 막히고 땅에서도 막혀 불통의 시대를 사는 지금 우리들도 일천번제를 드리는 심정이 되면 좋겠습니다. 우리들은 가족의 말도 하나님의 말씀도 너무나 익숙해서 한 귀

로 듣고 한 귀로 흘립니다. 말의 뜻은 왜곡되고 말씀은 변질
됩니다. 어떤 목사님들은 듣고 싶은 말을 하고 싶은 대로 하
면서 신도들을 다른 길로 인도합니다. 하나님이 슬프시지요.
인내가 크신 하나님도 쌓아 놓을 폭탄이 있으시지요. 특히 가
족들의 말을 잘 듣는 것은 양을 일천 마리를 잡아 천 번의 제
사를 드리는 것과 같은 값입니다.

경청의 값은 일천 마리 양의 값이라고 정리합니다. 원수를
사랑하라고 하신 말씀 중에 원수가 누군가 하면 원수는 식구
들이 원수입니다. 그 이유는 식구들의 말은 너무나 익숙해서
결론을 끝까지 듣지 않기 때문입니다. 통할 리 없는 마음들이
지척에서 지지고 볶습니다. 오해가 쌓입니다.

가까이에서 오래 쌓인 오해들은 분노로 변질되어 오작동을
합니다. 함께 저지르는 오작동들이 크고 작은 폭탄이 되어 무
의식의 창고에 쌓여 갑니다. 서로의 무의식에 공통의 기폭제
가 쌓여서 터질 듯합니다.

가족이라는 이름의 이 폭탄 공동체는 눈짓 하나만으로도
맞춤 폭탄을 즉시 날려 명중시켜 미쳐 버리게 하는데 일 초
도 안 걸리는 초능력 집단입니다. 이 원수들은 사랑이라는 빛
깔의 황금 거미줄을 칩니다. 햇빛을 반사하는 황금 거미줄은

눈에 잘 안 보이지요. 곤충들이 무수하게 걸려 있는 거미들의 황금어장은 터질듯한 분을 쏟아 놓을 수 있는 최적의 공간입니다. 이 원수들은 한쪽 귀퉁이에 기대어 서로를 잔뜩 주시합니다.

모태로부터 담아 온 트라우마가 숨죽여 기다리는 곳. 그곳이 꿈에도 그리운 우리들의 안식처 가정입니다. 그래서 이 역설의 공동체는 되로 주고 말로 받습니다. 작은 돌멩이 하나 던졌는데 돌아오는 것은 주먹만 한 돌입니다.

가족은 고착된 트라우마를 주고받는 숙명적 존재이기 때문입니다. 트라우마를 유발한 기폭제들이 두더지처럼 수시로 머리를 들이밉니다. 엄마와 아이들 사이의 오작동은 2초에 한 번꼴로 일어난답니다. 거의 빛의 속도이지요. 변하지 않는 성격, 반복되는 일상, 쌓여 가는 기폭제, 그로 인하여 연결된 트라우마가 현실에 송환되면 숨어서 자라난 돌이 폭탄이 되어 날아옵니다.

세상의 삼라만상은 인간들의 표상입니다. 어미를 잡아먹는 동물, 자식을 잡아먹는 동물. 이런 일들이 자연이라는 품속에서 은밀히 일어납니다. 가족이라는 품속에서 일어나는 온갖 폭력들은 그보다 더욱 잔혹합니다. 인간은 최강의 사랑과 최강의 미움이 동시에 깃드는 역설의 존재입니다. 그래서 하나님께서 말을 주시고, 그 말에 능력을 주시고, 서로 소통의 기쁨을 누리며 사랑을 키울 수 있도록 입과 귀를 주셨습니다. 그런데 듣지 않고 말하지 않습니다.

요즘 상담의 기법은 답을 주지 않습니다. 그냥 들어줍니다. 답은 자기 안에 있습니다. 답을 알고 있으면서 정신의 병이 들어 몸부림칩니다. 다들 뱉어야 할 말이 입에 잔뜩 고여 있습니다. 얼마나 다들 소통 능력이 없으면 신경정신과 전문의들이 그 일을 전문으로 하겠습니까? 얼마나 말이 하고 싶으면 혼자서 말을 하다가 정신줄을 놓겠습니까?

예수님께서 말씀하신 원수는 왜 원수인가요? 내 말을 듣지 않고 내 마음을 몰라주면 원수입니다. 독재자도 원수입니다. 백성의 말을 안 듣고 제멋대로 제 욕심만 채우고 제멋대로 말하면 원수입니다. 나라의 지도자가 해야 할 말을 안 하고 들어야 할 말을 안 듣고 제 욕심만 채우고 있으니 큰일입니다. 독재자들의 가장 큰 공통점은 국민의 말을 듣지 않는다는 것입니다.

옛말에도 말로 천 냥 빚을 갚는다고 했습니다. 말에는 능력이 있습니다. 세상은 말씀으로 생겨났습니다. 천 냥의 가치를 가진 말도 듣지 않으면 헛된 것입니다.

일천번제를 드리는 인내로 경청하는 습관을 지녔으면 좋겠습니다. 하나님의 말씀을 잘 듣고 가족들과 이웃의 말을 잘 듣고 존중하며 삶 속에서 실천한다면 나를 둘러싼 세상은 생명과 평화와 정의의 동산이 될 것입니다. 사랑과 평화가 무의식에 가득 쌓여 있다가 사랑의 말 한마디가 기폭제가 되어 사랑의 향기를 되로 주고 말로 받는 그런 가족, 그런 사회, 그런 나라가 되기를 간절히 원합니다. (2020. 어느 날)

후쿠시마 오염수와 이세벨

그럼에도 어둠과 빛은 함께 간다.

세상의 역사는 크로노스의 체계 안에 카이로스의 체계가 침투해 끌고 가는 것이라고 한다. 그것이 하나님의 섭리라 한다. 이 맥락에서 영원한 생명의 물결 안에 이세벨의 영이 스며들어 영원한 죽음으로 끌어가는 것. 이것이 또 하나의 인간의 역사라고 생각한다. 페니키아 왕 옛 바알은 딸 이세벨을 이스라엘 7대 왕 아합왕과 결혼시킨다.

이세벨은 이스라엘 역사상 가장 잔인하고 타락한 여인으로 꼽힌다. 남편 아합과 백성들을 맹신적인 바알 숭배자로 만들고 갖은 술수로 유혹해 나라를 음란과 부패와 우상의 소굴로 만들더니 자신의 물질적 욕망을 채웠다. 과수원을 뺏기 위해 법을 내세워 그 주인 나봇을 살해하기도 했다. 하나님의 분노를 산 이세벨은 개에게 먹힐 것이라고 선지자가 예언했다. 창틀에 앉아 적장 예후가 자기를 죽이러 오는 것을 보았다. 그것을 알면서도 그를 유혹하기 위해 눈화장을 하다가 예후의 명령을 받은 시종에게 밀려 떨어져 죽었다. 그의 시체는 개들이 먹고. 두개골과 손과 발만 남아 흙 위에 뒹굴고 있었다고 한다. 예언대로 그 죽음은 비참했고 그 안에 있던 어두움의 영은 영적 세계에서 이세벨의 영이라는 이름을 얻어 보통 명사가 되었다. 이세벨의 영은 거짓말하고 속이고 죽이라는 루시퍼의 명령을 받들고 우리나라의 역대 왕들의 아내들에게도 스며들어 무속의 칼을 휘두르며 백성을 속이고 왕을 미혹해 국정농단을 했다. 그 결과 나라는 위기에 빠지고 왕비들은 비참하게 죽었다. 장희빈, 명성황후도 그렇게 농락당하고 참혹하게 죽었다. 이세벨의 영은 개가 남긴 이세벨의 두골과 손과 발을 들고 기생할 숙주를 찾아 이 나라 저 나라를 다시 탐하며 우는 사자처럼 기웃거리다가 쌓아 놓은 돈다발 위에 앉은 탐욕스런 여인을 찾아 숙주로 삼는다. 이세벨의 영은 여인의 관절과 혈관에 숨어 그 머리를 더 크게 만들고 그 손을 더 크게 만들고 다리를 더 굵게 만들어 온 세계를 다니며 나라를 농락한다. 나라는 조롱거리가 되고 죽음의 영은 후쿠시마 핵오염수를 타고 칼의 춤을 추고 있다.

  죽음의 재는 하늘과 땅과 바다를 넘나들고 어미들이 죽음에 이르러도 자식들은 위대하지 못하고, 어미들이 죽음에 이르러도 자식들은 생명에 이르지 못할 것이다. 그날이 오면 죽음은 죽음을 낳고 죽음과 죽음으로 이어질 것이다. 이세벨의 영은 숙주가 죽기 전에는 어떤 수술로도 어떤 술수로도 빼낼 수 없고 스스로 나오지도 않는다고 한다.

악한 영들도 자기들끼리 지켜야 할 조직의 규칙이 있어서 이미 들어간 몸이 죽기 전에는 나올 수 없다고 한다. 이제 때가 되어 그 몸은 고지 꼭대기로 올려졌고, 오염수는 그 몸을 통과해 높은 곳에서 아이들의 생명을 향해 투기되고 있다. 2873년 전의 창대했던 북이스라엘 왕비 이세벨은 예언자들의 예언대로 그렇게 죽어 개에게 먹히고 사망의 영이 되었다. 그 영은 무속에 심취한 욕망의 화신들을 찾아서 온 세상을 헤맨다. 이세벨의 영은 잠시 우리나라에 정착했고 왕궁의 창틀 높은 곳에 앉아 죽음의 오염수를 흘려보내고 있다. 이 투기가 끝나면 또다시 욕망의 화신을 찾아 우는 사자처럼 헤매리라.

(2023. 어느 날)

164

바울의 절규 우리들의 아둘람굴

오호라 나는 곤고한 사람이로다. 이 사망의 몸에서 누가 나를 건져내랴. 우리 주 예수 그리스도로 말미암아 하나님께 감사하리로다. 그런즉 내 자신이 마음으로는 하나님의 법을 육신으로는 죄의 법을 섬기노라. (로마서 7장 24-25절)

그러므로 다윗이 그곳을 떠나 아둘람굴로 도망하매 그의 형제와 아버지의 온 집이 듣고 그리로 내려가서 그에게 이르렀고 환난당한 모든 자와 빚진 모든 자와 마음이 원통한 자가 다 그에게로 모였고 그는 그들의 우두머리가 되었는데 그와 함께 한 자가 사백 명가량이었더라. (사무엘상 22장 1-2절)

설마 했던 오염수가 바다에 뿌려지고 있습니다.

"어른들은 거짓말쟁이들이야, 거짓말쟁이들, 거짓말쟁이들. 목숨보다 사랑한다면서 우리들을 오염수 속에 던져 버렸어.

우리들이 병들어 다 죽을 수도 있는데 아무도 상관 안 해. 무서워 무서워 무서워요."

천지 사방에서 아이들의 소리가 들려옵니다. 환청입니다. 2023년 8월 24일 1시 3분. 그 이후 하늘에서는 거대한 구름 덩어리가 뭉실뭉실 내려오고 바다에서는 핵우산이 올라와 발끝에서 머리끝까지 덮쳐 버립니다. 숨이 막힙니다. 공황장애 증상입니다.

바다에는 오염수가 투기되고, 가슴에는 분노와 좌절감이 투기되고, 아이들을 위험에 빠뜨렸다는 죄책감이 핵우산 펴지 듯 마음을 점령합니다. 미물인 짐승도 위험에 빠진 자식을 보면 미친 듯이 그 자리를 맴돕니다. 인간들이 자식들을 위험에 빠뜨리고 너무나 태연합니다. 집단 마취제를 먹었나 봅니다.

우리 모두는 투기 방조자요, 협조자입니다. 떼 지어 사는 짐승의 우두머리는 자기 무리를 위험에서 지키느라 한시도 방심하지 않습니다. 자기 국민을 핵오염수에 던져 버린 대통령이라는 자는 짐승만도 못한 자입니다. 오염수를 허락한 그 마음은 야수의 마음입니다. 야수는 대통령 한 사람이 아닙니다. 그를 선출하고 지금도 지지하는 일부 세력들이 일본에게 또다시 민족적 수모를 당하게 하고 생명의 위협을 당하게 한 것입니다. 나라의 지도자란 자가 일본에 아첨합니다. 웃는 얼굴이 비열합니다. 그 초라한 얼굴을 보는 애국선열들의 원통함을 생각합니다. 그럼에도 여러분이 이 시기에 이 땅에 태어나게 하신 하나님의 뜻을 헤아리는 눈이 열리길 원합니다.

사람의 힘이 끝나는 그 자리가 하나님의 시작 자리입니다. 우리들은 뜻하지 않게 자존감과 생명의 위기라는 나락으로 떨어졌습니다. 하지만 우리는 절망과 체념, 자기 연민의 자리를 찾지 말고 하나님께서 주신 사명의 자리를 찾아야 됩니다. 그런 의미로 이 시간 환란 가운데 더 믿음의 용사가 된 믿음의 선조들의 삶을 묵상합니다.

여기 이스라엘의 가장 위대한 왕이자 구약의 인물 중에서 가장 심한 고난을 당한 다윗이 있습니다. 다윗은 고난의 절정 시기에 깊은 동굴에 빠졌습니다. 그 이름은 아둘람굴입니다. 힘에 부치는 일을 당하면 함정에 빠진다고 하지요. 또 한 사람 세대를 뛰어넘는 고난의 용사가 있습니다. 바울입니다.

'오호라 나는 곤고한 인간이로다 누가 나를 이 사망의 몸에서 구해줄 수 있을까?'

용사 바울의 절규를 생각합니다. 불굴의 사명자들은 심한 환란의 때에 태어났습니다. 영웅은 난세에 생긴다는 옛말이 있습니다. 역으로 해석해 보면 하나님은 난세에 대비해 시대를 구할 영웅을 이미 준비하셨다는 말입니다.

사랑하는 예지 가족 여러분.

이 난세에 태어나 예지와 함께하는 우리 모두는 하나님께서 이때를 위해서 보내시고 준비하신 용사요, 사명자입니다. 사울은 신약에서 가장 극심한 고난을 당한 사람입니다. 고난으로도 영성으로도 업적으로도 구약의 다윗과 쌍벽을 이룹니다.

다윗은 눈에 보이는 왕국을 세우고 바울은 눈에 보이지 않는 왕국을 세웠습니다. 두 왕국 다 하나님 나라의 표상입니다. 흔히 바울은 예수 믿고 팔자가 사나워졌다고 합니다. 웃자고 하는 말입니다.

바울은 세속의 기득권을 버리고 영혼의 기득권을 선택했습니다. 바울은 신약성경 절반의 무게를 담당하고 이스라엘의 난세와 인류의 난세를 통과하고 있습니다. 언제까지? 영원입니다. 잠시 세상의 기득권을 버린 바울은 영원한 기득권을 얻었습니다. 그러기까지 바울은 죽다가 살아나기를 여러 번 했습니다.

저는 박해의 시대에 태어나지 않은 것이 늘 감사합니다. 오늘의 본문 로마서는 유대민족이 로마 제국에 의해 박해를 당할 때 쓴 책으로, 로마에 있는 기독교인들에게 살인적인 폭력 앞에서 믿음을 포기하지 말라고 당부하는 책입니다. 로마서는 성 어거스틴, 마틴 루터, 요한 웨슬리 등 기라성 같은 인물들이 내적 각성을 일으키게 된 영적 파장이 큰 책이랍니다.

인간은 세상이냐 하나님이냐 하는 두 갈래 길을 피할 수 없는 존재입니다. 세상의 쾌락이 나를 압도할 때 불의한 편법 앞에 흔들리고 좌절할 때 성 어거스틴도 방탕하고 방황하는 타락한 사제로 끝났을 인물이었음을 기억하고 그들의 터닝포인트가 된 로마서를 읽으십시오. 그리고 하나님이 주신 사명을 완수하는 하나님 나라의 빛나는 별이 되십시오. 그렇게 되기를 주님의 이름으로 축복합니다.

글라우디오 황제는 예수 믿는 유대인들을 추방했답니다. 불안정한 정권을 가진 글라우디오는 소란스러워 말썽의 소지가 있는 유대인 기독인들을 추방했습니다. 추방할 때 신앙심이 돈독한 로마인들까지 쫓아냈답니다. 로마인인 브리스길라와 아굴라도 이때 쫓겨나 고린도로 가 있다가 바울을 만났답니다. 글라우디오가 실각을 당하고 그의 의붓아들 네로가 왕이 됩니다. 광기로 유명한 왕입니다.

네로는 처음에는 정치를 잘했답니다. 그는 추방당한 기독교인들을 다시 불러들여 유화 정책을 폈다고 합니다. 그 통에 로마 기독교의 기득권이 되어 있던 이방인 기독교인들과 돌아온 유대인과 기독교인들 간에 갈등이 심각해졌답니다.

네로는 권력의 중앙에서 정파 간의 갈등이 주는 위기의식에 압도당하고 자기 어머니로부터 목숨의 위협을 느껴 정신 분열이 시작되었습니다. 네로의 어머니는 남편인 글라우디오 황제를 독살했다는 의혹을 받았답니다. 기독교인들에게 짐승의 탈을 씌워서 짐승의 밥을 만들고 불태워 그 불을 가로등 삼아 심야 파티를 하며 극단적인 방법으로 불안을 해소합니다. 정신 분열이 점점 심해지던 네로는 새로운 도시를 건설하려는 환상에 빠져 시가지에 불을 지르기 시작했습니다. 몰래 저지르는 방화가 네로의 소행이라는 소문이 퍼지기 시작하자 네로는 기독교인들의 소행이라는 소문을 내면서 그들을 잡아 죽이기 시작했습니다.

살인의 공포 속에서 기독교인들은 무너지기 시작했습니다. 이 소식을 들은 바울은 그들에게 전해줄 편지를 쓰기 시작했습니다. 주님은 진짜로 부활하셨다, 결코 무너지지 말아라, 결코 흩어지지 말아라, 그것이 로마서의 요지입니다.

그렇습니다. 우리들은 한마음으로 모여야 삽니다. 흩어지면 독재자의 밥이 됩니다. 일본 제국주의는 사람의 목숨을 하찮게 여기는 무서운 집단입니다. 기독교인들을 불쏘시개 삼은 네로와 쌍벽을 이루지만 흉악하고 간악한 인간 말종들입니다. 이들은 맨 정신으로 사람을 생체 실험했습니다.

지금 우리에게도 갖가지 불안이 몰려옵니다. 공권력을 휘두르는 폭력적인 정부를 등에 업고 마음을 위협합니다. 핵오염수라니요, 극단적 최악의 폭력입니다. 주님께서 부활하신 때도 그렇습니다. 로마제국의 폭정 아래에서도 오직 예루살렘에 모여 주님을 찬양했던 제자들처럼 두려워하지 않고 포기하지 않고 이 시기를 건너는 여러분 되시기를 바랍니다.

우리의 후손들에게 건강한 자연을 물려주게 될 때까지 이 야만의 폭력을 이 땅에서 몰아내는 믿음의 용사 되시기를 주님의 이름으로 축복합니다.

희망의 반대말은 절망이 아니고 포기입니다. 어떤 상황에서도 포기하지 않는 여러분 되시기를 주님의 이름으로 간절히 축복합니다. (2023. 9. 7. 설교)

주님이 계시는 그곳

서시

죽는 날까지 하늘을 우러러
한 점 부끄럼이 없기를,
잎새에 이는 바람에도
나는 괴로워했다.
별을 노래하는 마음으로
모든 죽어가는 것을 사랑해야지
그리고 나한테 주어진 길을
걸어가야겠다.

오늘 밤에도 별이 바람에 스치운다. (윤동주 1941. 11. 20.)

새순 같은 이 아름다운 청년의 귀한 몸이 끔찍하고 저급한 일제의 폭력에 속수무책으로 죽임을 당했습니다. 그런데 이번엔 핵오염수를 투기하겠다고 합니다. 핵오염수를 먹어도 괜찮다고 거짓 홍보도 시작했습니다. 그리고 '저비용으로 오염수 탱크가 비워지니 땡큐다.' 하고 있습니다.

우리 아이들은 몸과 마음이 무너질 텐데 그 틈새로 무당과 그 졸개들은 물질의 탐욕과 권력의 욕망을 채울 것입니다.

그렇습니다. 여러분 우리는 함정에 빠졌습니다. 여기저기서 많은 사람들이 노력했지만 매스컴은 묵살하고 권력들은 과학자들을 동원해 거짓 홍보 영상을 만들어 국민들을 마취시키고 있습니다. 마취당하는 순간은 맨 정신으로 맛보지 못하는 환상적인 편안함이 있지요. 우리는 졌습니다. 우리의 힘은 끝났습니다.

하지만 사랑하는 여러분 끝난 것이 끝난 것이 아닙니다. 하나님이 계시기 때문입니다. 우리의 힘이 끝난 그 자리가 하나님이 일하시는 지점입니다.

하나님은 악을 선용하십니다.

우리 모두가 하나님께서 이 흉악한 함정을 선으로 선용하시는 기적을 속히 눈으로 볼 수 있기를 축복합니다.

성악가는 기본으로 타고난 목소리를 자신의 노력으로 열어야 합니다. 청중들은 목소리의 아름다움만으로 감동하는 것이 아니라 그가 흘린 피와 땀을 인지하고 감동한답니다. 사람의 정신 영역은 잠재의식이 대부분을 차지합니다.

저는 아들이 목소리를 여는 그 과정을 함께했습니다. 성대가 두꺼운 사람은 그것을 열기 위해 더 노력해야 합니다. 땀과 눈물의 교차점, 희망과 절망의 교차점에서 조금씩 조금씩 고음이 열리는 것을 봤습니다. 저는 그래서 아들의 노래를 들으면 감동이 눈물처럼 올라옵니다.

사랑하는 여러분, 하나님께서 여러분을 보실 때 감동이 눈물처럼 올라오도록 맡은 일에 최선을 다하십시오. 하나님 더 이상 할 수 없습니다, 여기가 끝입니다, 할 때까지 계속 노력하십시오.

진주는 조개의 눈물이랍니다. 조개의 속살에 모래가 들어가면 그 아픔에 피처럼 진액을 쏟아낸답니다. 진주는 그 진액을 먹고 자란답니다. 아픔의 엑기스 진주, 진주처럼 귀하게 빛나는 보석이 어디 있을까요? 그렇듯이 로마서도 공포와 두려움 속에서 탄생하여 믿음의 성현들을 감동시켰습니다.

독수리는 새 중에서 가장 오래 사는 새랍니다. 30년에서

70년 정도 산다고 합니다. 40년 정도 살면 그동안 사용했던 발톱과 부리는 구부러지고 날개는 두꺼워져 먹이 사냥이 어려워진답니다.

독수리는 이대로 죽을 것인가, 15일 동안 고통스러운 변신 과정을 거칠 것인가, 선택을 해야 한답니다. 변신 과정을 선택한 독수리는 높은 암벽에 올라가 낡고 두꺼운 부리를 암벽에 깨부숴 버리고 새로운 부리가 나오기를 기다렸다가 부리가 새로 나오면 그 부리로 무딘 발톱을 뽑아 버리고 새 발톱이 나오면 그 발톱으로 성긴 깃털을 다 뽑아 버린답니다. 힘든 이 과정을 모두 거친 독수리는 이전보다 더욱 자유로운 새 삶을 시작한답니다.

다윗의 인생 여정도 그렇습니다. 사울왕의 추적을 피해 다니던 다윗은 가드 왕 아기스 앞에서 정체가 탄로 날 것 같아 침을 질질 흘리며 미친 연기까지 해내야 하는 치열한 삶을 살았지만 그 결과는 사람이 살기 힘든 석회암 굴인 아둘람굴 속에 혼자 빠지는 일이었습니다. 인생의 1장 2막이 어두운 굴 속에서 끝났습니다. 다윗의 힘은 아둘람에서 막을 내렸습니다. 하지만 아둘람의 다윗은 하나님께서 감동의 눈물을 흘리실 만큼 최선을 다해 살았습니다.

이제부터 다윗의 무대는 전적인 하나님의 무대입니다. 그 결과 하나님께서는 다윗의 손을 잡고 아둘람굴에서 나라를 시작합니다.

아둘람굴의 다윗에게 다윗의 부모 형들 이외에 400명의 사람들이 찾아옵니다. 이들은 모두 환난당한 자, 빚진 자, 마음이 원통한 자들이었습니다. 그 굴 속의 상황은 기록되지 않았지만 많은 갈등과 힘겨루기가 있었을 거예요. 인간 갈등의 장소가 다윗 왕조를 시작하는 하나님의 시작 지점이 되었습니다.

세상에서 버림받은 400명의 추종자들은 조약돌이 다듬어지듯 다듬어져서 함께 다윗 왕국을 세웠습니다. 그들이 왕과 왕의 측근으로 함께 세운 다윗 왕국은 위대했고 끝까지 다윗을 떠나지 않았습니다.

사랑하는 여러분 인간이 생각하는 고통과 위기가 하나님의 손에 잡히면 하나님이 주시는 기회가 됩니다. 위대한 바울의 아둘람굴은 어디였을까요? 그것은 바울 자신의 내면에 있는 내적 육적 죄성입니다. 아무리 바울이 나를 이 사망의 몸에서 구해달라고 절규해도 인간은 할 수 없는 일이었습니다. 심리의 과부하 어디 가서 무엇을 해야 안정시킬 수가 있었을까요?

내가 수고를 넘치도록 하고 옥에 갇히기도 더 많이 하고 매도 수없이 맞고 여러 번 죽을 뻔하였으니 유대인들에게는 사십에 하나 감한 매를 다섯 번 맞았으며 세 번 태장으로 맞고 한 번 돌로 맞고 세 번 파선하고 일 주야를 깊은 바다에서 지냈으며 여러 번 여행하면서 강의 위험과 강도의 위험과 동족의 위험과 이방인의 위험과 시내의 위험과 광야의 위험과 바다의 위험과 거짓 형제 중의 위험을 당하고 또 수고하며 애쓰고 여러 번 자지 못하고 주리며 목마르고 여러 번 굶고 춥고 헐벗었노라. (고린도후서 11장 23-27절)

이런 바울입니다. 얻어맞아서 시체처럼 되어 돌무더기 속에 묻혔다가 밤중에 살아서 나올 때에도 의연한 바울입니다. 그 모습을 디모데가 봅니다. 그리고 제자가 됩니다. 그런데 여기서는 누가 나를 건져달라고 절규하는 대책 없는 바울입니다. 나는 육신의 소욕을 이기지 못하고 게으르고 나태하게 되었을 때나 분노와 아첨에 찌들었을 때 나는 이 바울의 절망에 기대어 위로를 얻었습니다. 하물며 바울도 그랬는데 나만

이러는 거 아니라면 용기를 갖고 다시 일어나고자 합니다.

24절과 25절의 내용상 큰 틈이 있음을 봅니다. 한탄하고 절망을 토해내다가 한숨도 안 쉬고 주 예수 그리스도로 말미암아 하나님께 감사드립니다. 우리 주 예수 그리스도께서 나를 해방시켜 주셨습니다,라는 비약을 봅니다.

24-25절 사이의 행간을 읽어 봅니다. 하나님 말씀 앞에만 서기로 결단한 바울이지만 육신의 소욕을 이기지 못해 쓰러져 못 일어난 바울의 끝자락에서 거기서 바울에 관한 하나님의 프로젝트가 가동을 했다는 말입니다. 낡고 두꺼워진 부리와 발톱과 깃털을 뽑아 버리고 새 날개를 얻어 자유를 찾은 독수리처럼 바울은 그리스도의 은혜로 말미암아 자유를 얻었습니다.

자유냐? 속박이냐? 죽음이냐? 생명이냐? 거창한 명제는 24에서 25절 문장 한 줄 차이라는 것을 알았습니다.

'하나님 감사합니다. 우리들을 이 절망의 몸에서 구해주실 분은 주님밖에 없습니다. 나를 해방시켜주신 주님 감사합니다.'

바울의 이 고백이 저와 여러분의 고백이 되기를 주님의 이름으로 축복합니다.

아둘람굴은 우리를 죽이지 못합니다. 아둘람은 실패의 시작이자 실패의 끝입니다.

죽음의 핵오염수는 우리를 망하게 하지 못합니다. 저 무속과 욕망에 찌든 자도 우리나라를 망하게 하지 못합니다. 왜냐하면 하나님께서 난세의 영웅을 준비하셨기 때문입니다. 다윗 같은 용맹함과 다니엘 같은 믿음과 솔로몬 같은 지혜와 바울 같은 영성을 가진 여러분들이 예지의 아둘람에서 자라나고 있기 때문입니다. 또한 이 나라 이 강산 어느 별 어느 하늘 아래 이름 없는 아둘람굴에서 자라나고 있을 수많은 하나님의 용사들이 있기 때문입니다.

'주 예수를 믿어라. 그리하면 너와 네 집이 구원을 받으리라.'

이 유명한 말씀은 바울이 마케도니아 지방에서 실라와 함께 감옥에 갇히고 찬송 중에 감옥 문이 열린 사건 후에 나온 말씀입니다.

밤새 추위와 배고픔에 시달린 제자들에게 따뜻한 불을 준비하시고 기다리시는 주님이 계시는 그곳이 인생 실패의 고지 꼭대기입니다. 우리들이 살아갈 이 나라 이 강산에 불의의 뿌리는 뽑히고 정의는 마르지 않는 강같이 흐르게 하실 하나님

을 찬양합니다.

아둘람굴 속의 다윗처럼 곤고한 바울처럼, 실패한 제자들처럼, 그 어둠 속에서 빛이신 주님을 만나게 될 것입니다. 그렇게 되기를 주님의 이름으로 축복합니다. (2023. 어느 날)

첨탑을 오르게 되는 첨탑의 고뇌들

바람 부는 날이면 내 영혼은 가끔 첨탑을 오르지.
누군가 구원받지 못한 지상의 기도를
낮고 딱딱한 의자에 앉아 내뱉는 오후
그때가 내 영혼이 조용히 지상을 떠나
그곳에 이르는 길이지.
꽃들은 과연 어느 방황이 흘리고 간 신음들일까?
한때는 추락을 의심한 때가 있었다.
햇살들
먼 곳의 구름들이
지상의 꿈을 두려워하는 것은
그 때문이라고 생각했던 때가 있었다.

어떠한 삶의 문장들도

나를 침묵으로 이르게 하는

힘이 되지 못할 때

나는 첨탑에 오르지.

거친 숨 한 움큼씩 베어내며

끝내 첨탑에 이르지.

나를 부르는 바람 속으로.